La Ley Dietética

La clave de Dios
para la salud y la felicidad

JORGE LOZANO

CATEGORÍA: Vida Cristiana

Impreso en los Estados Unidos de América

ISBN-13:
ISBN-10:

"Mi pueblo fue destruido, porque le faltó conocimiento".
Oseas 4:6

CONTENIDO

Introducción

¿Qué será lo que más les interesa a los adultos en este mundo? ¿Será amor, sexo, romance, éxito, dinero, popularidad o fama? Contrario a lo que muchos piensan no es ninguno de estos. ¿Qué es entonces?

Todos los beneficios mencionados anteriormente quedan relegados al segundo puesto, ya que si no tienen el primero elemento del cual hablaremos en este libro los mismos tienen un valor muy insignificante.

Todas las bendiciones que puedas disfrutar y los gozos terrenales que te deleitan aquí en la tierra pierden su encanto y su atracción sin este primer elemento. Muchas instituciones y universidades de los Estados Unidos dedicaron 2 años de estudio y miles de dólares para poder llegar a esta conclusión: El estudio reveló que el primer interés de la gente, en cualquier lugar del planeta, es la salud. Nada se puede disfrutar en esta vida sin ella.

No se puede disfrutar del amor, de las posesiones, de la fama ni de ninguna otra cosa si no se tiene salud. Seguramente estarás de acuerdo conmigo en que de nada nos sirve todo lo anterior si no tenemos la salud necesaria para disfrutarlos, así que estoy seguro que este libro será de gran interés para ti y también toda tu familia.

Yo sé que las verdades que vamos a aprender son revolucionarias. Van en contra de la opinión pública. Lo que vas a descubrir en las páginas de este libro va en contra de costumbres dietéticas y hábitos alimenticios que datan de miles de años. Una cosa te pido: Por favor, no levantes la guardia. Las enseñanzas que encontrarás aquí pueden, por la gracia de Dios, despertarte a una nueva vida de salud y felicidad.

Pero, ¿Qué es la felicidad? ¿Será obtener todo lo que tu corazón desea? Salomón escribió en Proverbios 13:12 lo siguiente:

"La esperanza que se demora es tormento del corazón; Pero árbol de vida es el deseo cumplido". (RVR60)

La felicidad depende de nuestra situación. Para el hombre que sufre del estómago la felicidad es volver a disfrutar sus comidas sin dolor alguno. Para un hombre muriendo de cáncer, en cambio, la felicidad es ser curado completamente de esta horrible enfermedad mortal. Felicidad, para un hombre sentenciado a cadena perpetua, es recuperar su libertad. Para uno sentenciado a la silla eléctrica, felicidad es el ser perdonado.

Toda esta felicidad la encontramos en el maravilloso y sobrenatural Libro de Dios. El hombre, a través de mucho estudio, esfuerzo, gasto y atrevimiento, ha logrado romper las barreras del espacio, y muchas otras barreras. Mandamos grandes cohetes para ver y descubrir qué podemos aprender de los cielos.

¿No crees que es hora de que rompamos la miserable barrera nutricional y empecemos a tener y disfrutar la buena salud que Dios, desde el principio, quiere que tengamos?

No van a faltar los falsos profetas que vengan a desanimarte y a convencerte que eso ya no es para hoy, de seguro se van a burlar de ti. Nehemías se enfrentó a ellos en el año 445 A.C. y no lo pudieron detener. Sus burlas, críticas e incredulidad solo aceleraron la obra. El siguió con la reconstrucción de los muros y los terminó, y también nosotros, por la pura gracia de Dios vamos a romper esta terrible ignorancia y llegaremos tanto a la salud como a la felicidad que Dios siempre ha querido con nosotros.

Para mentes abiertas

Como lo mencioné anteriormente, por favor no deseches ni rechaces las enseñanzas de este estudio debido a sus conceptos nuevos, ya que tu salud y felicidad pueden estar en juego.

No permitas que ningún prejuicio te robe las riquezas que vamos a encontrar en estas páginas. Muchas veces los prejuicios se levantan en nuestra propia contra y nos dañan.

Yo no quiero una cama llena de enfermedad, yo no

quiero para mi vida, ni de la de ninguno de aquel que pueda estar leyendo, enfermedades incurables, largos sufrimientos ni la muerte al final.

"Acuérdate de tu Creador en los días de tu juventud, antes que vengan los días malos, y lleguen los años de los cuales digas: No tengo en ellos contentamiento". Eclesiastés 12:1 (RVR60)

Yo le pido a Dios que tu vida sea enriquecida por estas enseñanzas. Si inviertes tu tiempo en la lectura de este libro, sé que vas a cosechar los dividendos. Mi gran preocupación es la salud y el bienestar de la nueva generación que está surgiendo para la gloria de nuestro Creador.

Si tú tienes una mente cerrada, entonces el mensaje de este libro no es para ti. No rehúses el crecer ni tampoco el desarrollarte, con esa actitud morirás antes de tu tiempo. Nunca olvides que el precio del progreso es el cambio.

"El principio de la sabiduría es el temor de Jehová; Los insensatos desprecian la sabiduría y la enseñanza". Proverbios 1:7

Qué triste es escuchar a aquellos que dicen: "No me prediques, por favor". No hay peor cosa que eso, alguien que cree que todo lo sabe. Esa es una persona que está caminando a pasos acelerados hacia arenas movedizas. Por otro lado, mira lo que el Señor declara acerca de aquellos que aceptan consejo:

"Oirá el sabio, y aumentará el saber, Y el entendido adquirirá consejo" Proverbios 1:5

"Sino que en la ley de Jehová está su delicia, y en su ley medita de día y de noche. Será como árbol plantado junto a corrientes de aguas, Que da su fruto en su tiempo, Y su hoja no cae; Y todo lo que hace, prosperará". Salmo 1:2-3;

"Nunca se apartará de tu boca este libro de la ley, sino que de día y de noche meditarás en él, para que guardes y hagas conforme a todo lo que en él está escrito; porque entonces harás prosperar tu camino, y todo te saldrá bien". Josué 1:8

1

Declaración de guerra

Necesitamos declararle la guerra a las enfermedades, a la miseria y a los dolores. Necesitamos hacer guerra contra las fuerzas diabólicas que odian que conozcamos la verdad para que nos haga libres.

Hace ya mucho tiempo que tenía ganas de poner este material al alcance del pueblo de Dios, ya que el mismo me ha bendecido y me ha dado muchísimas victorias, ha prolongado mi vida y ha agregado mucha felicidad a mi diario vivir.

Cuando David confrontó a Goliat, lo hizo porque había una causa tremenda por la cual enfrentar a este terrible enemigo de Israel. Si recuerdas la historia, el pueblo de Israel estaba a punto de caer bajo la bota opresora de los filisteos., los cuales eran enemigos crueles y sin misericordia.

El corazón de David ardía con el fuego de Dios para liberar a su pueblo, porque él poseía la solución al problema. Hasta su familia se levantó en contra de él, pero él se aferró a Dios y el Señor le concedió una gran victoria.

En este caso también hay una gran causa que está corriendo peligro. Hay muchos que están perdiendo la batalla de la salud y de la misma vida. ¿Por qué?

Dejemos que Dios mismo nos conteste a través del profeta Oseas: *Mi pueblo fue destruido, porque le faltó conocimiento*. Oseas 4:6.

Hay una historia muy interesante que ilustra lo que quiero decir:

"En cuanto Joab (el capitán del rey) *salió de hablar con David* (que para este tiempo ya era rey de Israel), *mandó a decirle a Abner que regresara, pero sin decírselo a David.*

Abner ya había llegado al pozo de Sirá, pero regresó a Hebrón. Tan pronto como llegó a la entrada de la ciudad, Joab lo llevó aparte, como si quisiera decirle algo a solas, y le clavó un cuchillo en el estómago. Así fue como Joab y su hermano Abisai se desquitaron de la muerte de su hermano Asael en la batalla de Gabaón.

Cuando David supo lo que había pasado, dijo:

«Juro por Dios que ni yo ni mi gente tenemos la culpa de la muerte de Abner. Que Dios castigue a Joab y a toda su familia. Que entre ellos siempre haya enfermos.

Que la piel se les pudra y sus heridas no se cierren. Que haya entre ellos cojos, y que se mueran de hambre o que los maten en la guerra».

Luego David les dijo a Joab y a todos los que estaban con él: «En señal de tristeza, rompan la ropa que llevan puesta y vístanse con ropas ásperas, y lloren por Abner».

Abner fue enterrado en Hebrón. El día que lo enterraron, el rey David iba adelante del grupo. Toda la gente lloraba mucho, y también el rey lloraba sin consuelo ante la tumba de Abner. Y decía:

«¡Abner no merecía morir así!
¡Bien pudo haber escapado!
¡También pudo haberse defendido!
En cambio, ¡murió asesinado!»

La gente no dejaba de llorar, y todo el día le insistieron a David que comiera algo. Pero David les respondía: «No comeré nada antes de que anochezca. Que Dios me castigue muy duramente si lo hago».

Esto que dijo el rey le pareció bien a la gente, ya que todo lo que David hacía les agradaba. La gente se dio cuenta de que el rey no era culpable de la muerte de Abner.

Luego el rey les dijo a sus oficiales: «¿Se dan cuenta de que hoy ha muerto en Israel un gran hombre? ¿De qué me sirve ser el rey, si no pude evitar que Joab y Abisai lo mataran? ¡Que Dios les dé su merecido por la maldad que cometieron!»" II Samuel 3:27-39 (TLA)

David se lamentó mucho cuando Abner murió en las manos de Joab. Cuando Abner estaba dentro de las murallas de la ciudad de refugio su vida estaba a salvo. Si David hubiera sabido los planes de Joab, hubiera prevenido a Abner inmediatamente, pero Joab se escondió de David.

Y lo mismo sucede el día de hoy, hay muchos que no se dan cuenta que el enemigo está escondido, y los está llevando fuera de la zona segura de la Palabra de Dios para llevarlos a la enfermedad y finalmente a la muerte.

¿Deseas morir como un necio, como Abner? Yo no quiero eso, quiero estar dentro de la zona segura de la Palabra de Dios, y espero que tú también lo desees así.

En cierta manera, estoy desesperado por que este mensaje llegue a mi generación y a la venidera. ¿A cuántos podremos prevenir de enfermedades y muertes prematuras?

Todos los caminos de Dios son rutas pavimentadas que te llevarán a salvo a tu destino. Sal de tu camino de barro, donde estás atorado y súbete al camino pavimentado de Dios y Su Palabra. Mira lo que Él tiene para decir: *"Goteará como la lluvia mi enseñanza; Destilará como el rocío mi razonamiento; Como la llovizna sobre la grama, Y como las gotas sobre la hierba"*. Deuteronomio 32:2

Cómo aplicarlo el día de hoy
Dios nos ha dado direcciones de cómo cuidar

nuestro cuerpo. ¿Sabías que Dios también está interesado en tu cuerpo?

"Que el Dios de paz los mantenga completamente dedicados a su servicio. Que los conserve sin pecado hasta que vuelva nuestro Señor Jesucristo, para que ni el espíritu ni el alma, ni el cuerpo de ustedes sean hallados culpables delante de Dios". 1 Tesalonicenses 5:23

Ya que nuestro cuerpo es Su templo y su habitación, también le vamos a dar cuentas a Dios del uso y abuso que le demos a nuestro cuerpo. Hemos sido hechos los custodios de la casa de Dios, donde mora su Presencia y tendremos que dar cuentas en el Tribunal de Cristo.

Cuando órganos vitales y miembros de nuestro cuerpo son destruidos, nuestro cuerpo muere. Corazón, pulmones, intestinos, hígado, páncreas, riñones, etc. Todos estos miembros son destruidos debido al mal trato que se les dio, por falta de conocimiento, o porque rechazaron el conocimiento.

Algunas personas fallecen porque no tomaron las medidas preventivas y otros mueren a causa de diversas enfermedades. Sea como sea, Dios nos recuerda: *"Mi pueblo fue destruido, porque le faltó conocimiento".* Oseas 4:6

Lo malo de esto es que el mal que se hace al cuerpo ya no tiene solución y muchas enfermedades ganan tal terreno que ya no pueden ser detenidas. ¿Te imaginas cuánta gente habrá muerto antes de tiempo sufriendo muertes realmente horribles?

Todo lo que estudiaremos en este libro estará completamente basado en la Palabra de Dios. Yo sé que tenemos convicciones fuertísimas en nuestro corazón, y está bien, sólo que te pido que examines todas tus convicciones a la luz de las Escrituras para que si descubres que tienes algo que cambiar lo hagas cuanto antes.

Te aseguro que nuestras vidas secas se convertirán en fuentes de bendiciones y nuestros desiertos se volverán como los jardines del Edén.

El Creador del Universo no necesita recomendaciones para que nosotros le creamos a lo que nos dice en Su Palabra, debemos creerle por el simple hecho que es Dios quien nos lo está diciendo.

Dios, en el libro de Job, del capítulo 38 al 41, hace preguntas que ningún hombre puede contestar. Preguntas tales como "¿Alguna vez en tu vida le has dado órdenes al sol para que comience un nuevo día? ¿Alguna vez en tu vida le has dado órdenes a la tierra para que se quite de encima a los malvados? ¿Has bajado al fondo del mar para ver dónde nace el agua? ¿Has bajado al reino de la muerte y visitado a los muertos? ¿Sabes dónde viven la luz y la oscuridad? ¿Puedes llevarlas al trabajo, y regresarlas a su casa? (Job 38:12-13,16-17,19-20, TLA)

Ante semejantes interrogaciones, Job llega a una conclusión:

"Yo conozco que todo lo puedes, y que no hay pensamiento que se esconda de ti. ¿Quién es el que oscurece el consejo sin entendimiento? Por tanto, yo hablaba lo que no entendía; Cosas demasiado

maravillosas para mí, que yo no comprendía. Oye, te ruego, y hablaré; Te preguntaré, y tú me enseñarás. De oídas te había oído; Mas ahora mis ojos te ven." Job 42:1-5

Mira lo que Dios le dijo a Isaías: *"Yo soy Jehová, y ninguno más hay; no hay Dios fuera de mí. Yo te ceñiré, aunque tú no me conociste, para que se sepa desde el nacimiento del sol, y hasta donde se pone, que no hay más que yo; yo Jehová, y ninguno más que yo, que formo la luz y creo las tinieblas, que hago la paz y creo la adversidad. Yo Jehová soy el que hago todo esto"*. Isaías 45:5-7

Necesitamos entonces aplicar todos los principios que Dios nos enseña en su palabra y cuánto más aquellos que nos dan la clave para la salud y la felicidad en nuestras vidas, ¿no crees? Con todo mi corazón le pido a Dios que nos abra los ojos y nos permita entender sus principios amorosos para nosotros.

2

Pongamos los fundamentos

Comenzaremos esta sección con dos pasajes muy importantes.

"Porque la palabra de Dios es viva y eficaz, y más cortante que toda espada de dos filos; y penetra hasta partir el alma y el espíritu, las coyunturas y los tuétanos, y discierne los pensamientos y las intenciones del corazón". Hebreos 4:12

"Toda la Escritura es inspirada por Dios, y útil para enseñar, para redargüir, para corregir, para instruir en justicia". 2 Timoteo 3:16

De acuerdo a lo que acabamos de leer toda la Escritura es inspirada por Dios, es decir: no hay nada de más o de sobra, toda la palabra de Dios es útil. Así que es mi obligación enseñar toda la Escritura, no solo una parte ni tampoco lo que sea para mi conveniencia. Y es mi obligación sobre todo al ver un mundo moribundo, desesperado y horriblemente lleno de todo tipo de enfermedades sin solución. Es en la Palabra de Dios que encontramos maravillosas verdades que nos libertan de todos estos azotes de la humanidad.

"Dijo entonces Jesús a los judíos que habían creído en él: Si vosotros permaneciereis en mi palabra, seréis verdaderamente mis discípulos; y conoceréis la verdad, y la verdad os hará libres". Juan 8:31-32

Desgraciadamente no todos están dispuestos a aceptar estas verdades. Son verdades que con mi esposa hemos probado por 25 años y déjame decirte que sí funcionan. El laboratorio donde las he probado es mi cuerpo y aquí estoy, gracias a Dios, disfrutando de perfecta salud. La mayoría de los problemas de hígado, riñones, artritis, páncreas, corazón, cánceres, aun ataques de nervios y muchísimas enfermedades más tienen su origen en lo mal que comemos.

La gente intenta de todo: remedios caseros, homeopatía, medicinas, prescripciones costosas, médicos, hospitales, oración por sanidad divina, etcétera, etcétera. Ahora bien, no digo que esto está mal, de ninguna manera, ya que tienes que hacer todo lo que te dice el doctor. El problema que veo es que por más que hagamos todo esto, si seguimos por otro lado desobedeciendo al Creador de tu cuerpo al rato vamos a seguir igual que siempre y aun peor.

Si regresamos al Señor y su Palabra, tal vez el

Señor nos conceda más años de vida como lo hizo con Ezequías en segunda de Reyes 20:1 -7:

"En aquellos días Ezequías cayó enfermo de muerte. Y vino a él el profeta Isaías hijo de Amoz, y le dijo: Jehová dice así: Ordena tu casa, porque morirás, y no vivirás. Entonces él volvió su rostro a la pared, y oró a Jehová y dijo:

Te ruego, oh Jehová, te ruego que hagas memoria de que he andado delante de ti en verdad y con íntegro corazón, y que he hecho las cosas que te agradan. Y lloró Ezequías con gran lloro.

Y antes que Isaías saliese hasta la mitad del patio, vino palabra de Jehová a Isaías, diciendo:

Vuelve, y di a Ezequías, príncipe de mi pueblo: Así dice Jehová, el Dios de David tu padre: Yo he oído tu oración, y he visto tus lágrimas; he aquí que yo te sano; al tercer día subirás a la casa de Jehová.

Y añadiré a tus días quince años, y te libraré a ti y a esta ciudad de mano del rey de Asiria; y ampararé esta ciudad por amor a mí mismo, y por amor a David mi siervo. Y dijo Isaías: Tomad masa de higos. Y tomándola, la pusieron sobre la llaga, y sanó".

Ezequías se volvió a Dios, oró y Dios le concedió 15 años más de vida. Tenemos que volvernos a Dios y a su Palabra para poder decir lo que dijo David: *"Envió su palabra, y los sanó, y los libró de su ruina".* Salmo 107:20

O como dijo Salomón hablando también de Su

Palabra: *"Porque son vida a los que las hallan, y medicina a todo su cuerpo"*. Proverbios 4:22

¿De verdad crees que hay salud duradera y genuina para ti? Yo lo creo con todo el corazón.

¿Cuántas veces nos hemos burlado de los que hacen dieta, o los que van a comenzarla? "¿Dieta?" piensan algunos: "Olvídalo, ¿cortar con todo lo que me gusta?, ¡ni de loco!"

Existen tantos patrones de pensamiento dentro del cristianismo tan, pero tan equivocados, que realmente me da vergüenza, porque en un tiempo yo pensé de esa manera.

Yo pensaba que podía comer cualquier cosa y que Dios me iba a mantener sano, ya que Él es Omnipotente y Todopoderoso. Además, pensaba yo, tengo más fe que todos los demás. Y además todo lo que como Dios lo bendice, no estoy bajo la ley. Dios le dijo a Pedro: mata y come de lo que había en el lienzo. Y así acomodaba todos esos textos fuera de contexto para armar un pretexto. Desgraciadamente es este tipo de pensamiento el que nos lleva a la ruina y a las enfermedades que finalmente nos van a llevar a la tumba.

No tomamos en cuenta que Dios al hacer el Universo lo hizo sobre un fundamento de leyes que gobiernan toda la Creación en todos los ámbitos, a todo nivel y en toda esfera.

"¡Busquen las instrucciones y las enseñanzas de Dios! Quienes contradicen su palabra están en completa oscuridad". Isaías 8:20 (NTV)

Hay mucha gente que dice que están tan ocupados que no tienen tiempo para pensar qué van a comer y consumen lo que sea en la calle, desde comidas rápidas hasta mercadería chatarra.

Eso lo dicen solo para impresionar a la gente para que vean qué ocupados viven, pero si realmente no tienen tiempo para pensar en sus alimentos, entonces que se preparen en un futuro cercano a cosechar lo que sembraron. Este tipo de actitud es como haber edificado una casa y decir: "estaba tan ocupado que no tuve tiempo de escoger bien los materiales que le pusimos a la construcción".

Si no revisamos los materiales con los que estamos construyendo nuestra casa orgánica se nos va a derrumbar mucho más pronto de lo que nuestro Arquitecto lo planeó. En la termodinámica hay una ley que dice que para toda causa hay un efecto.

Dios nos podría mantener vivos de forma sobrenatural sin tener que comer nada, pero no lo hace, y la historia nos lo comprueba. Esto es así porque estar sin alimentarnos no es parte de su plan.

Jesús nos lo dice en Mateo 4:4: "La gente no vive sólo de pan, sino de cada palabra que sale de la boca de Dios" (NTV)

El comer y alimentarnos es una ley física, para vivir físicamente necesitamos comer y procurar comer bien.

Oí de un pastor que por el afán de buscar avivamiento en su iglesia ayunó por semanas, rompió la ley física establecida por Dios y finalmente murió. Y se quedaron sin avivamiento ¡pero también sin pastor! Nunca olvides esta verdad: No es el plan de Dios el mantenerte vivo si no comes, y tampoco es el plan de Dios mantenerte sano si no comes bien.

Asimila por favor esta verdad. Si no comes comida, te mueres. Si no comes buena comida, no vas a tener buena salud. Presta a tención a lo siguiente, ya que no es solamente un juego de palabras:

Sin comida = sin vida
Mala comida = mala salud
Buena comida = buena salud
Comida viva = cuerpos vivos
Comida muerta = cuerpos muertos

Las matemáticas no mienten, es así de sencillo. Más adelante veremos en detalle estos conceptos y sé que la lectura de este libro te dará muy buenos dividendos y grandes satisfacciones. Estos son los fundamentos para edificar un cuerpo fuerte y sano que dure mucho tiempo, para que disfrutes la vida y para que sirvas al Señor y a su pueblo por muchos años.

Que Dios, el dador de vida, nos abra los ojos y su Palabra para que entendamos estas verdades tan básicas para nuestra vida. Todo lo que vamos a estudiar tendrán bases únicamente en Las Escrituras, en la Ciencia moderna y en el sentido común.

Estas verdades te van a ahorrar miles de dólares en medicinas, doctores, hospitales y operaciones. Dios quiere añadirnos años de vida y quiere que tengamos una salud vibrante y mucha felicidad.

3

Como piensa el hombre, así es él

"Porque cual es su pensamiento en su corazón, tal es él. Come y bebe, te dirá; Mas su corazón no está contigo". Proverbios 23:7

El potencial de la mente humana va más allá de nuestra comprensión. Para que el hombre pueda lograr algo, primero tiene que haber sembrado semillas de pensamiento en su mente.

Las ideas y los planes necesitan ser alimentados, desarrollados y profundamente enraizados en la mente. Antes de comenzar algo debes estar totalmente sumergido en lo que quieres lograr.

"Sobre toda cosa guardada, guarda tu corazón; Porque de él mana la vida". Proverbios 4:23

Debemos establecer cada pensamiento en el

corazón, ya que de allí mana la vida. El corazón es un instrumento de altísima complejidad. Dios nos ha confiado y nos ha hecho responsables de este instrumento tan poderoso. Puede bendecirnos o puede maldecirnos, dependiendo de cómo lo usamos.

A esta altura muchos se asustan y se preguntan: ¿Es esto pensamiento positivo? Claro que sí, pero de acuerdo a las Escrituras.

Miles de libros se han escrito acerca del pensamiento positivo, pero no es suficiente con solo pensar cosas positivas tales como: "no debo nada, no debo nada", o "me voy a casar, me voy a casar", etc. Diciéndolo con muchas ganas para intentar que suceda. Hacer esto solo es perder el tiempo. Jesús nunca anduvo con esas cosas. La mente siempre debe de estar ocupada con pensamientos correctos.

El Señor nos lo dice en Filipenses 4:8:

"Por lo demás, hermanos, todo lo que es verdadero, todo lo honesto, todo lo justo, todo lo puro, todo lo amable, todo lo que es de buen nombre; si hay virtud alguna, si algo digno de alabanza, en esto pensad".

Son estas ocho cosas las que deben de llenar nuestra mente. Recuerda que los pensamientos son las semillas de donde la planta de acción crece, y este crecimiento es gobernado por la ley.

Ahora, en primer lugar, en cuanto a tu salud, debes estar totalmente convencido que la voluntad de Dios es que vivas sano y que tengas salud, como le dijo Juan a

Gayo: *"yo deseo que tú seas prosperado en todas las cosas, y que tengas salud, así como prospera tu alma"* 3 Juan 2. Si tú no estás convencido de esto entonces tu mente se va a rendir a las enfermedades y a las fuerzas diabólicas, trayendo como consecuencia que no puedas ser liberado.

Si creemos que la Biblia es la palabra de Dios debemos de hallar nuestras soluciones ahí mismo. Ahora bien, ¿Qué dicen las Escrituras? ¿Promete Dios largura de días y salud?

Vamos a ver algunas promesas de Dios y dejemos que hagan raíces profundas en nuestro corazón.

"Hijo mío, no te olvides de mi ley, y tu corazón guarde mis mandamientos; Porque largura de días y años de vida y paz te aumentarán". Proverbios 3:1-2

"No seas sabio en tu propia opinión; Teme a Jehová, y apártate del mal; Porque será medicina a tu cuerpo, y refrigerio para tus huesos". Proverbios 3:7-8

"Oye, hijo mío, y recibe mis razones, y se te multiplicarán años de vida". Proverbios 4:10

"Hijo mío, está atento a mis palabras; Inclina tu oído a mis razones. No se aparten de tus ojos; Guárdalas en medio de tu corazón; Porque son vida a los que las hallan, y medicina a todo su cuerpo". Proverbios 4:20-22

"Y cuando llegó la noche, trajeron a él muchos endemoniados; y con la palabra echó fuera a los demonios, y sanó a todos los enfermos". Mateo 8:16

"Recorría Jesús todas las ciudades y aldeas,

enseñando en las sinagogas de ellos, y predicando el evangelio del reino, y sanando toda enfermedad y toda dolencia en el pueblo". Mateo 9:35

Cuando leemos los Evangelios, encontramos a Jesús dedicado la mayoría del tiempo a sanar a los enfermos:

"Y he aquí vino un leproso y se postró ante él, diciendo: Señor, si quieres, puedes limpiarme. Jesús extendió la mano y le tocó, diciendo: Quiero; sé limpio. Y al instante su lepra desapareció". Mateo 8:2-3

Ahora, si Dios nos quiere enfermos, como algunos dicen, entonces ¿para qué vas al doctor, o tomas medicina, o pides oración? ¿Por qué te rebelas a la voluntad de Dios de que estés enfermo? Quédate así hasta que Dios te levante el castigo. No te salgas de la corrección de Dios. Si la enfermedad es un castigo divino, entonces no te salgas del castigo.

La clave está en la actitud del corazón. Salomón fue el hombre más sabio de todos los tiempos, por tanto debemos de estar atentos a los consejos que él nos da. Él nos dice en Proverbios 4:23: *"Sobre toda cosa guardada, guarda tu corazón; Porque de él mana la vida".*

El corazón o la mente, es el trono de nuestras emociones morales y nuestros afectos, y de cada cosa que escogemos hacer.

"El corazón apacible es vida de la carne; Mas la envidia es carcoma de los huesos". "La luz de los ojos alegra el corazón, y la buena nueva conforta los huesos".

"El corazón alegre constituye buen remedio; Mas el espíritu triste seca los huesos".

"El ánimo del hombre soportará su enfermedad; Mas ¿quién soportará al ánimo angustiado?" Proverbios 14:30; 15:30; 17:22; 18:14

Cuando tenemos las actitudes correctas, nuestra alma es animada y refrescada, y ese tipo de actitudes fortalece nuestro espíritu. De esta forma el sistema circulatorio y el sistema nervioso son rejuvenecidos, tus células son reconstruidas y los tejidos de tu cuerpo crecen fuertes y sanos. Por el contrario, malas relaciones y malas actitudes hacia la vida deprimen la mente y envenenan el torrente sanguíneo.

Investigando para esta sección encontré que se han hecho análisis químicos y se ha encontrado que cuando la persona está contenta y alegre está libre de toxinas destructivas. En cambio, donde hay odio, envidia, temor, celos, preocupación y ansiedad, se han hecho los mismos análisis y se han encontrado toxinas asesinas en la sangre que destruyen la salud de las personas.

Ahora entiendo más por qué el Señor nos dice que perdonemos, que no estemos ansiosos por nada, y que si necesitamos algo se lo pidamos.

"Amado, yo deseo que tú seas prosperado en todas las cosas, y que tengas salud, así como prospera tu alma". 3 Juan 2. Es la gloriosa voluntad de Dios que estemos sanos y que prosperemos. Mete esto dentro de lo profundo de tu corazón y de tu mente.

Ahora, estoy de acuerdo en que no siempre

podremos estar sonriendo, eso es irreal, pero mira lo que dice 2 Corintios 4:8: *"que estamos atribulados en todo, mas no angustiados; en apuros, mas no desesperados"*.

Es definitivamente la voluntad de Dios que seamos fuertes, tanto física como espiritualmente. De ninguna forma vamos a descartar los milagros y sanidades divinas, es más, yo mismo he visto muchos de estos prodigios.

El problema es que como hijos de Dios ignoramos muchas leyes que ha dado nuestro Padre celestial y al romper estas leyes estamos trayendo enfermedad a nuestras vidas, ya que las leyes no hacen distinción entre los hijos de Dios y los paganos.

Así como la lluvia, que desciende sobre todos, la ley de la gravedad se aplica a todo el mundo, crea en Dios o no. Esto es algo que veremos con más detalle en el siguiente capítulo.

4

Hay una ley para todo

Hay una ley para todas las ramas y para todas las esferas de la vida. "Para todo efecto hay una causa". Nada sucede por casualidad: *"Como el gorrión en su vagar, y como la golondrina en su vuelo, así la maldición nunca vendrá sin causa"*. Proverbios 26:2

Esta ley está en operación en todas las esferas de la vida. Todo el universo es gobernado por leyes. Toda la vida opera de acuerdo a leyes.

Cuando guardamos las leyes, obtenemos resultados que nos benefician. Cuando las desechamos y nos creemos más inteligentes que las leyes, obtendremos resultados perjudiciales para nuestra vida.

Observarlas y vivir de acuerdo a las leyes de esta

vida significa bendición, felicidad, salud y una larga vida. No observarlas significa miseria, dolor, enfermedad y finalmente la muerte. Nunca olvidemos que las leyes no hacen acepción de personas.

Aunque el que las viole sea una persona altamente espiritual y muy sabia, aun así recibirá el castigo por violar las leyes dispuestas por Dios.

¿Por qué se establecieron las leyes? En el libro de Deuteronomio se te explican por qué fueron dadas:

"Andad en todo el camino que Jehová vuestro Dios os ha mandado, para que viváis y os vaya bien, y tengáis largos días en la tierra que habéis de poseer". Deuteronomio 5:33.

En el pasaje anterior y además en todo el capítulo 28 de Deuteronomio podemos ver que estas leyes nunca fueron dadas para concederle al hombre vida eterna, sino para preservarlo y bendecir su estancia en la tierra.

La salvación del hombre y el perdón vinieron por la pura gracia de Dios.

"Porque la vida de la carne en la sangre está, y yo os la he dado para hacer expiación sobre el altar por vuestras almas; y la misma sangre hará expiación de la persona". Levítico 17:11

"¿Luego la ley es contraria a las promesas de Dios? En ninguna manera; porque si la ley dada pudiera vivificar, la justicia fuera verdaderamente por la ley". Gálatas 3:21

Tocias las leyes escritas o no escritas están en

vigencia. Por ejemplo:

1) En física: Por más espiritual que seas, salta del décimo piso de un edificio y verás que la ley de la gravedad está todavía en vigencia.

2) En agricultura: Siembra maíz y por más que ores y reprendas te va a salir maíz, no tomate, como querías.

3) En electrónica: No juegues con cables de alta tensión, porque por más espiritual que seas vas a quedar rostizado.

4) En química: Toma para la garganta ácido y por más que ores jamás podrás hablar.

5) En biología: Nunca podrás cruzar un perro con un gato.

Podríamos seguir, pero siempre verás que en todos los campos de la ciencia es lo mismo, ya sea botánica, química, zoología o astronomía: Las leyes de Dios están en operación.

También están las leyes civiles de las que Pedro nos habla en 1 Pedro 2:13:

"Por causa del Señor someteos a toda institución humana, ya sea al rey, como a superior, ya a los gobernadores, como por él enviados para castigo de los malhechores y alabanza de los que hacen bien".

De las cuales también habló Jesús: *"Le dijeron: De César. Y les dijo: Dad, pues, a César lo que es de César, y a Dios lo que es de Dios".* Mateo 22:21

Cuántas personas mueren por desobedecer las leyes de tránsito. Cada accidente que sucede en las calles casi siempre es porque en algún lado se violó la ley de tránsito.

Otra de las leyes vigentes es la Ley Moral dada por Dios en los 10 mandamientos:

"Y habló Dios todas estas palabras, diciendo: Yo soy Jehová tu Dios, que te saqué de la tierra de Egipto, de casa de servidumbre.

No tendrás dioses ajenos delante de mí.

No te harás imagen, ni ninguna semejanza de lo que esté arriba en el cielo, ni abajo en la tierra, ni en las aguas debajo de la tierra.

No te inclinarás a ellas, ni las honrarás; porque yo soy Jehová tu Dios, fuerte, celoso, que visito la maldad de los padres sobre los hijos hasta la tercera y cuarta generación de los que me aborrecen, y hago misericordia a millares, a los que me aman y guardan mis mandamientos.

No tomarás el nombre de Jehová tu Dios en vano; porque no dará por inocente Jehová al que tomare su nombre en vano.

Acuérdate del día de reposo para santificarlo. Seis días trabajarás, y harás toda tu obra; mas el séptimo día es reposo para Jehová tu Dios; no hagas en él obra alguna, tú, ni tu hijo, ni tu hija, ni tu siervo, ni tu criada, ni tu bestia, ni tu extranjero que está dentro de tus puertas.

Porque en seis días hizo Jehová los cielos y la tierra, el mar, y todas las cosas que en ellos hay, y reposó en el séptimo día; por tanto, Jehová bendijo el día de reposo y lo santificó.

Honra a tu padre y a tu madre, para que tus días se alarguen en la tierra que Jehová tu Dios te da.

No matarás.

No cometerás adulterio.

No hurtarás.

No hablarás contra tu prójimo falso testimonio.

No codiciarás la casa de tu prójimo, no codiciarás la mujer de tu prójimo, ni su siervo, ni su criada, ni su buey, ni su asno, ni cosa alguna de tu prójimo".

Éxodo 20:1-17

Piensen por un momento las desgracias y todo el sufrimiento que ha venido a la humanidad por desobedecer estos mandamientos.

Dios los dio para nuestra preservación, para nuestra felicidad y para nuestra bendición. Las prisiones, los hospitales y los manicomios están llenos de personas que han violado, de alguna u otra manera, los mandamientos de Dios.

No todos son responsables de las tragedias, pero en algún lado detrás de cada tragedia de la vida alguien transgredió alguna ley y finalmente resultó en tragedia.

Tenemos que enseñar las leyes de Dios a nuestros

hijos, de lo contrario la policía, los jueces o los enterradores del cementerio les tendrán que enseñar:

"Y estas palabras que yo te mando hoy, estarán sobre tu corazón; y las repetirás a tus hijos, y hablarás de ellas estando en tu casa, y andando por el camino, y al acostarte, y cuando te levantes". Deuteronomio 6:7

Tenemos que imprimir en las mentes de nuestros hijos que las leyes de Dios no se deben romper, ya que si lo hacen el resultado siempre terminará en tragedia.

Finalmente encontramos en la biblia que también está la Ley Dietética de Dios, la cual ha sido ridiculizada por aquellos que se creen más sabios que Él.

El día de hoy hay millones de personas que están terriblemente enfermas debido a que de alguna forma han violado esta ley dada por el Dios sabio y amoroso, creyendo que en realidad no importa esta ley. Y si te das cuenta el día de hoy en realidad no hay nadie que obedezca esta ley y tampoco alguien que enseñe acerca de esto.

5

Leyes Bíblicas

La Biblia es el manual del fabricante. Cuando compramos un aparato, ya sea un lavarropas, un equipo para escuchar música o algún element para el hogar, normalmente lo último que hacemos es leer el manual del fabricante.

Cada hombre cuando fue creado, vino con su manual de instrucciones, pero, ¿qué es lo que hace el hombre? De todo menos leer el manual, y de ahí vienen los enredos de la vida, y luego para desenredarlos se complican aún más.

Normalmente la gente te dice: "¡hey! No te metas con eso, porque yo sé cómo funciona mi cuerpo... no importa lo que le doy de comer, tengo el estómago de piedra... aguanto mucho". Pero no olvidemos que lo que estamos haciendo es sembrar la semilla. Al rato esas mismas personas te van a visitar para pedir oración o te van a preguntar qué es lo que dice la Biblia con respecto al tema.

Existen tres tipos de leyes bíblicas. Antes de entrar a estudiar la Ley Dietética, es esencial que tengamos un entendimiento básico de los tres tipos de leyes que nos ha dado el Dios Todopoderoso.

Esto es básico, y no podemos simplemente saltarlas y entrar en la Ley Dietética.

El Dios Omnisciente declara lo siguiente:

"El fin de todo el discurso oído es este: Teme a Dios, y guarda sus mandamientos; porque esto es el todo del hombre". Eclesiastés 12:13

"¡Busquen las instrucciones y las enseñanzas de Dios! Quienes contradicen su palabra están en completa oscuridad". Isaías 8:20 (NTV)

"Dios detesta la oración del que no hace caso de la ley". Proverbios 28:9

Las leyes dadas por Dios al pueblo hebreo se pueden clasificar en tres categorías:

1. Laley moral, con todas su ramificaciones, y resumida en los Diez mandamientos, como ya vimos en Éxodo 20:1-17; y también en Deuteronomio 5:7-21

2. La ley dietética, que se encuentra en Levítico 11 y Deuteronomio 14:3-21

3. La ley ceremonial. Esta ley se encuentra en el libro de Éxodo, en los capítulos del 25 al 40 y en todo el Libro de Levítico.

Todas estas leyes fueron dadas por Dios nuestro creador a Moisés para Su pueblo Israel como una guía para las Naciones. Ha habido mucha confusión y preguntas en cuanto a cuál debe de ser la actitud del cristiano hacia la Ley.

Algunos se desgarran sus vestidos y gritan "Legalismo" a los que se les ocurre tratar de obedecer, mientras que hay otros que están esclavizados a la Ley, creyendo que es la única forma de ser salvos. Respecto a esto último Pablo escribió lo siguiente:

"Pero sabemos que todo lo que la ley dice, lo dice a los que están bajo la ley, para que toda boca se cierre y todo el mundo quede bajo el juicio de Dios; ya que por las obras de la ley ningún ser humano será justificado delante de él; porque por medio de la ley es el conocimiento del pecado.

Pero ahora, aparte de la ley, se ha manifestado la justicia de Dios, testificada por la ley y por los profetas; la justicia de Dios por medio de la fe en Jesucristo, para todos los que creen en él. Porque no hay diferencia, por cuanto todos pecaron, y están destituidos de la gloria de Dios, siendo justificados gratuitamente por su gracia, mediante la redención que es en Cristo Jesús, a quien Dios puso como propiciación por medio de la fe en su sangre, para manifestar su justicia, a causa de haber pasado por alto, en su paciencia, los pecados pasados, con la mira de manifestar en este tiempo su justicia, a fin de que él sea el justo, y el que justifica al que es de la fe de Jesús.

¿Dónde, pues, está la jactancia? Queda excluida. ¿Por cuál ley? ¿Por la de las obras? No, sino por la ley de la fe. Concluimos, pues, que el hombre es justificado por fe sin las obras de la ley".

"mas al que no obra, sino cree en aquel que justifica al impío, su fe le es contada por justicia". Romanos 3:19-28; 4:5;

"sabiendo que el hombre no es justificado por las obras de la ley, sino por la fe de Jesucristo, nosotros también hemos creído en Jesucristo, para ser justificados por la fe de Cristo y no por las obras de la ley, por cuanto por las obras de la ley nadie será justificado". Gálatas 2:16

Otros piensan que debemos obedecer solamente los Diez Mandamientos como un código moral. Piensa en esto muy cuidadosamente, por favor: Siendo Dios un Dios perfecto y justo, ¿no crees que las leyes que Él estableció son también perfectas y justas?

Pero nosotros siendo imperfectos e injustos, caemos una y otra vez, violamos Sus leyes. Aquí es donde entra el Evangelio, las buenas nuevas: Cristo guardó perfectamente la ley moral como así también la ley dietética, y fue la manifestación de la ley ceremonial y su cumplimiento.

Empezó cumpliendo esa ley siendo circuncidado al octavo día y terminó cuando se enfrentó a las multitudes y les dijo: "¿Quién de ustedes me culpa de pecado, o de transgredir la Ley?" Jesucristo cumplió al pie de la letra toda la ley y esa ley ya no lo puede condenar.

Si lo hubieran juzgado correctamente de acuerdo a la ley hubiera salido libre y se hubiera salvado de la cruz, no hubiera descendido a las partes más bajas de la Tierra y hubiera subido a la gloria inmediatamente.

¿Por qué fue a la cruz entonces?

Para demostrarnos su Amor infinito y para llevar a cabo la obra de Redención. Dios no solo es perfecto y justo, sino también es misericordioso y está lleno de compasión. En la cruz se juntaron la justicia y la paz de Dios. La condenación por la trasgresión de la Ley fue quitada, ya que Jesús llevó la culpa y el castigo.

Qué tragedia que las naciones todavía sigan rechazando a Jesús, ya que así llevan sin necesidad la carga pesada de su culpa sobre sus almas y esto les roba el poder conocer la vida eterna, la paz y el verdadero gozo que nuestro Redentor compró por todos nosotros.

Aquí quiero aprovechar para decirte que Israel debe de ser para nosotros algo muy especial, amar y entender a esa nación y más ahora que el mundo entero se vuelve en contra de ella.

Así como José se reveló a sus hermanos como el príncipe de Egipto, así Jesús se va a revelar a sus hermanos (Israel) cuando esté a punto de regresar por segunda vez a esta Tierra a reinar como el Rey de reyes en Jerusalén.

"Porque ignorando la justicia de Dios, y

procurando establecer la suya propia, no se han sujetado a la justicia de Dios; porque el fin de la ley es Cristo, para justicia a todo aquel que cree". Romanos 10:3-4;

"Así que en cuanto al evangelio, son enemigos por causa de vosotros; pero en cuanto a la elección, son amados por causa de los padres. Porque irrevocables son los dones y el llamamiento de Dios. Pues como vosotros también en otro tiempo erais desobedientes a Dios, pero ahora habéis alcanzado misericordia por la desobediencia de ellos, así también éstos ahora han sido desobedientes, para que por la misericordia concedida a vosotros, ellos también alcancen misericordia". Romanos 11:28-31

Así que todo el cumplimiento de la Ley por parte de Jesús y su sacrificio en la cruz, se te pone en tu cuenta si lo aceptas de corazón. Es así que donde había deuda eterna hoy hay perdón eterno.

Jesucristo es el Mesías-Redentor, nuestro sustituto, el que pagó el castigo de nuestras transgresiones de la Ley.

"Ahora, pues, ninguna condenación hay para los que están en Cristo Jesús, los que no andan conforme a la carne, sino conforme al Espíritu. Porque la ley del Espíritu de vida en Cristo Jesús me ha librado de la ley del pecado y de la muerte.

Porque lo que era imposible para la ley, por cuanto era débil por la carne, Dios, enviando a su Hijo en semejanza de carne de pecado y a causa del pecado, condenó al pecado en la carne; para que la justicia de la ley se cumpliese en nosotros, que no andamos conforme a la carne, sino conforme al Espíritu". Romanos 8:1-4

En cuanto a la salvación y a la vida eterna, el creyente ya no está sujeto a la Ley. Jesús pagó el castigo y el precio de la violación:

"Porque todos los que dependen de las obras de la ley están bajo maldición, pues escrito está: Maldito todo aquel que no permaneciere en todas las cosas escritas en el libro de la ley, para hacerlas.

Y que por la ley ninguno se justifica para con Dios, es evidente, porque: El justo por la fe vivirá; y la ley no es de fe, sino que dice: El que hiciere estas cosas vivirá por ellas. Cristo nos redimió de la maldición de la ley, hecho por nosotros maldición (porque está escrito: Maldito todo el que es colgado en un madero" Gálatas 3:10-13

Es así que entonces llegamos a una conclusión: la ley moral fue dada a los hombres para el bienestar moral del hombre y de la misma forma la ley dietética fue dada al hombre para su bienestar físico.

La ley ceremonial, en cambio, fue dada en símbolos, figuras y tipos para simbolizar al Mesías, como el candelabro, el pan de la proposición, el cordero, etc.

Toda la Ley de Dios está en funcionamiento mientras estemos en esta Tierra. Al quebrantarla solo arruinamos nuestras vidas. A partir de los siguientes capítulos vamos a considerar y concentrarnos en lo que dice y significa la Ley Dietética.

6

La ley dietética de Dios

Advertencia: Espero que antes de leer esta sección no hayas comido, ya que se te puede revolver el estómago. A continuación vamos a considerar la Ley Dietética que nos prescribe el Médico de médicos, el Dios Todopoderoso, tal como la encontramos en el Libro de Levítico capítulo 11 y en Deuteronomio capítulo 14. Primero vamos a leer estos dos capítulos tranquilamente y luego veremos qué podemos aprender de lo que Dios ha dicho.

"El Señor se dirigió a Moisés y Aarón, y les dijo: «Digan a los israelitas que, de todos los animales que viven en tierra, pueden comer los que sean rumiantes y tengan pezuñas partidas; pero no deben comer los siguientes animales, aunque sean rumiantes o tengan

pezuñas partidas:

»El camello, porque es rumiante pero no tiene pezuñas partidas. Deben considerarlo un animal impuro. El tejón, porque es rumiante pero no tiene pezuñas partidas. Deben considerarlo un animal impuro. La liebre, porque es rumiante pero no tiene pezuñas partidas. Deben considerarlo un animal impuro.

»El cerdo, porque tiene pezuñas, y aunque las tiene partidas en dos, no es rumiante. Deben considerarlo un animal impuro. No deben comer la carne de estos animales, y ni siquiera tocar su cadáver. Deben considerarlos animales impuros.

»De los animales que viven en el agua, ya sean de mar o de río, pueden comer solamente de los que tienen aletas y escamas. Pero a los que no tienen aletas y escamas deben considerarlos animales despreciables, aunque sean de mar o de río, lo mismo los animales pequeños que los grandes. No deben comer su carne; deben considerarlos animales despreciables, y despreciarán también su cadáver. Todo animal de agua que no tenga aletas y escamas, lo deben considerar despreciable.

»De las aves no deben comer las siguientes; al contrario, las deben considerar animales despreciables: el águila, el quebrantahuesos, el águila marina, el milano, y toda clase de halcones, toda clase de cuervos, el avestruz, la lechuza, la gaviota, toda clase de gavilanes, el búho, el cormorán, el ibis, el cisne, el pelícano, el buitre, la cigüeña, toda clase de garzas, la abubilla y el murciélago.

»A todo insecto que vuele y camine, deben considerarlo despreciable, pero pueden comer de los que, aunque vuelen y caminen, tengan también piernas unidas a sus patas para saltar sobre el suelo. De ellos pueden comer los siguientes: toda clase de langostas, langostones, grillos y saltamontes. Pero a todo otro insecto que vuele y que camine, lo deben considerar despreciable.

»En los siguientes casos ustedes quedarán impuros: Cualquiera que toque el cadáver de uno de esos animales, quedará impuro hasta el anochecer. Cualquiera que levante el cadáver de uno de esos animales, deberá lavar su ropa y quedará impuro hasta el anochecer.

»A todo animal que, teniendo pezuñas, no las tenga partidas ni sea rumiante, lo deben considerar un animal impuro, y cualquiera que lo toque quedará impuro también. A cualquier animal de cuatro patas y que para andar se apoye en sus plantas, lo deben considerar un animal impuro; cualquiera que toque el cadáver de uno de ellos, quedará impuro hasta el anochecer. Así mismo, el que levante el cadáver de uno de ellos, deberá lavar su ropa y quedará impuro hasta el anochecer, pues ustedes deben considerar impuros a esos animales.

»De los animales que se arrastran sobre la tierra, deben considerar impuros a los siguientes: comadrejas, ratones y toda clase de reptiles, 30 como salamanquesas, cocodrilos, lagartos, lagartijas y camaleones. Entre los muchos animales que existen, a estos los deberán considerar impuros. Cualquiera que toque el cadáver de

uno de estos animales, quedará impuro hasta el anochecer.

»También quedará impura cualquier cosa sobre la que caiga el cadáver de uno de esos animales. Ya sea un objeto de madera, un vestido, alguna cosa de piel, un costal, o cualquier instrumento de trabajo, se deberá meter en agua y quedará impuro hasta el anochecer; después de eso quedará puro.

Si el cadáver de cualquiera de esos animales cae en una olla de barro, todo lo que haya dentro de ella quedará impuro y la olla tendrá que romperse. Todo alimento sobre el que caiga agua de esa olla, quedará impuro; y toda bebida que haya en ella, quedará impura. Todo aquello sobre lo que caiga el cadáver de uno de esos animales, quedará impuro; aunque sea un horno o una doble hornilla: deberá ser destruido. Es un objeto impuro, y así deberán ustedes considerarlo.

»Sin embargo, el manantial o pozo de donde se toma agua, seguirá siendo puro; pero quien toque los cadáveres de esos animales, quedará impuro. Si el cadáver de uno de esos animales cae sobre una semilla que se va a sembrar, la semilla seguirá siendo pura; pero si la semilla ha sido mojada y el cadáver de uno de esos animales cae sobre ella, se la deberá considerar impura.

»En caso de que muera alguno de los animales que ustedes tenían para comer, el que toque el cadáver quedará impuro hasta el anochecer; 40 el que coma carne del animal muerto, deberá lavar su ropa y quedará impuro hasta el anochecer; y el que saque el cadáver del animal, también deberá lavar su ropa, y quedará impuro

hasta el anochecer.

»No deben comer ningún reptil que se arrastre sobre la tierra; es animal despreciable. De todos los animales que se arrastran sobre la tierra, no deben comer ninguno, ya sea que se arrastre sobre el vientre o que ande en cuatro o más patas, pues son animales despreciables. No se hagan despreciables e impuros ustedes mismos con ningún animal que se arrastra, porque yo soy el Señor, su Dios. Ustedes deben purificarse completamente y ser santos, porque yo soy santo. No se hagan impuros con ningún animal que se arrastre por la tierra. Yo soy el Señor, el que los hizo salir de Egipto para ser su Dios. Por lo tanto, ustedes deben ser santos porque yo soy santo.»

Éstas son las instrucciones en cuanto a los animales, aves y todo lo que vive y se mueve en el agua, y todos los animales que se arrastran sobre la tierra, para que se pueda distinguir entre lo puro y lo impuro, y entre los animales que se pueden comer y los que no se pueden comer". Levítico 11 (DHH)

"Ustedes son los hijos del Señor su Dios. No se hagan heridas en el cuerpo, ni se rapen la cabeza por delante cuando alguien muera. Porque ustedes son un pueblo consagrado al Señor su Dios; él los ha elegido entre todos los pueblos de la tierra para que sean el pueblo de su propiedad.

No coman nada impuro. Ésta es la lista de los animales que ustedes pueden comer: toros, corderos, cabritos, ciervos, gacelas, gamos, cabras monteses y toda clase de antílopes. Pueden, pues, comer de todo animal rumiante que tenga las pezuñas partidas, separadas en dos partes, pero no deben comer de los siguientes animales, aunque sean rumiantes o tengan pezuñas partidas: El camello, la liebre y el tejón; deben considerarlos animales impuros, porque son rumiantes pero no tienen pezuñas partidas.

El cerdo, porque tiene pezuñas partidas pero no es rumiante. Deben considerarlo impuro. No coman la carne de estos animales ni toquen sus cuerpos muertos. De los animales que viven en el agua podrán comer de los que tienen aletas y escamas, pero no coman de los que no tienen aletas y escamas; deben considerarlos animales impuros.

Pueden comer de toda ave pura, pero hay algunas de las cuales no deben comer: el águila, el quebrantahuesos, el águila marina, el milano, y toda clase de halcones, toda clase de cuervos, el avestruz, la lechuza, la gaviota, toda clase de gavilanes, el búho, el ibis, el cisne, el pelícano, el buitre, el cormorán, la cigüeña, la abubilla y el murciélago.

Todo insecto con alas será considerado impuro. No deberán comerlo. Pero las aves consideradas puras sí podrán comerlas. No coman ningún animal que muera por sí solo, pues ustedes son un pueblo consagrado al Señor su Dios; pero se lo podrán dar al extranjero que viva en las ciudades de ustedes; él sí puede comerlo. Y también pueden vendérselo al extranjero que esté de paso. No cocinen cabritos en la leche de su madre".
Deuteronomio 14:1-21 (DHH)

Carne limpia e impura

Los animales que tienen pezuña hendida y rumian, debido a su sistema digestivo, tienen casi tres estómagos como agentes refinadoras de los alimentos, por lo cual son literalmente laboratorios de limpieza donde purifican toda la comida que ingieren. Ahí limpian de cualquier veneno sus sistemas.

La comida que estos animales engullen ya es limpia de por sí, pues la mayoría de los alimentos son todos verdes, y los procesan en un tiempo de aproximadamente 24 horas. Esto luego se convierte en carne y es esta la carne que la Ley de Moisés llama limpia.

Este tipo de carne no es ceremonialmente limpia, sino higiénica y físicamente limpia. En cambio, encontramos la anatomía del cerdo, que es lo que más se come en nuestras sociedades. Además de su terrible apetito, el cerdo come todo lo que encuentra en su camino, ya que tiene un sistema digestivo bastante malo y lo mismo sucede con su sistema de expulsión de los alimentos ya procesados, el cual es bastante estreñido.

Como consecuencia, en aproximadamente 4 horas y después que el cerdo ha comido toda la contaminación que encontró en su camino, entiéndase carne podrida, excremento, deshechos y lo que te puedas imaginar, el hombre se lo come a él en forma de costillas de cerdo, carne y chuletas.

Algunos de seguro ya se estarán preguntando, pero entonces ¿para qué hizo el Señor a los animales inmundos?

Es muy simple y está a la vista, fueron creados como carroñeros, son animales que comen carne y limpian todo lo que está muerto en el campo. Si un animal muere y está en el campo expuesto al sol y se pudre, vienen los cerdos o cualquier otro carroñero y se comen ese cuerpo en descomposición, de esa manera evitan todos los gérmenes y enfermedades que se pueden desatar en la Tierra matando a la humanidad.

Dios los hizo por amor a la humanidad, no para que la humanidad se los coma. Es por esto que la Ley de Moisés condena estos alimentos, que están constituidos de la materia más sucia y abominable que te puedas imaginar. Por esta razón los califica como inmundos.

Es carne que por su naturaleza es venenosa y se encuentra llena de enfermedades y toxinas mortales. La carne del cerdo es, de acuerdo a las autoridades sanitarias, la principal causa de enfermedades en el mundo entero. Provocan enfermedades de la sangre, del estómago, problemas con el hígado, todo tipo de tumores, cánceres, etc.

Por nuestro propio bien, también es importante que observemos la Ley Dietética en cuanto a los animales de las aguas identificados con escamas y aletas, los mismos tienen que tener las dos para poder ser consumidos por el hombre. Peces como el salmón, la trucha, la carpa, el atún.

Todos los animales del agua que no tienen escamas tales como las almejas, los cangrejos, las langostas, las ostras, el camarón, etc. son animales de los cuales se ha descubierto que contienen alto grado de toxinas, son venenosos por su terrible sistema de expulsión de la comida que comen. Son también carroñeros, es decir, basureros vivos de los mares y los ríos.

Las aves inmundas que se nos prohíben en la Ley Dietética que acabas de leer en Levítico 11, también están nombradas ahí. Las aves limpias que se pueden comer son: el ganso, el pato, el pollo y el pavo, ya que estas aves son limpias debido a que su sistema digestivo también está diseñado para limpiar la comida que comen y separan y limpian primero sus alimentos antes que se convierta en carne.

Hay personas dispuestas a pagar sumas exorbitantes de dinero para que les recomienden dietas exóticas, para adelgazar, o para curarse, pero lamentablemente rechazan la dieta amorosa que nos da nuestro Hacedor, el cual diseñó nuestros cuerpos y los hizo. ¿Cómo no ha de saber Él lo que nos conviene y lo que nos hace mal?

Es como el auto que tengo: los que lo hicieron me dicen, cuando leo el manual del fabricante, que debo de ponerle Premium, pero yo sé que el diesel es más barato. Imagínate qué pasaría si decidiera ponerle diesel. No solamente que me voy a quedar de a pie en el camino sino que hasta puedo arruinar el auto para siempre, convirtiéndolo en nada más que un montón de lata.

Debemos de seguir la dieta prescrita por nuestro Jefe Nutricionista, nuestro Señor mismo.

Delicatesen

No sé por qué sólo escogen al cerdo y desprecian al zorrino, la rata, el perro y los gatos. De acuerdo a los granjeros en los Estados Unidos, los cerdos pueden ser alimentados con cualquier cosa para ser engordados. Ellos mismos han visto cerdos comer otros cerdos cuando estos están todos abiertos debido al alto grado de descomposición, y no dejan absolutamente nada.

Y después esos mismos cerdos son enviados como exportación a otros países. Muchas veces el ganado es infectado porque los cerdos dejan su saliva en el maíz que llegan a comer y les da una infección llamada la comezón loca.

Esta comezón se vuelve tan fuerte que estos animales corren y se estrellan contra los árboles, se rascan hasta que se arrancan la piel y la carne entera, hasta que muchos mueren desangrados. Si la saliva infecta al ganado de esta forma, ¿Cómo es posible que el cerdo sea algo comestible para el hombre?

Un cristiano en Minnesota criaba cerdos y los alimentaba con huevos podridos y todo tipo de comida descompuesta que le daban los restaurantes. Además los alimentaba con todo lo que las granjas tiraban, tales como todos esos huevos que no habían podido dar a luz los pollitos. Todo se lo echaban a los cerdos.

Luego se estacionaba con su camión fuera de la iglesia y era una vergüenza el olor para todo el vecindario. De acuerdo al pastor de la iglesia, esa familia estaba enferma todo el tiempo de una u otra enfermedad, ya que ellos eran los primeros en participar de las delicatesen de los cerdos que criaban.

Recuerda que lo que estos animales comen, en tan sólo cuatro horas ya es parte de su carne, y luego tú te comes eso. Si los cerdos son criados con otros animales de la granja se comen el excremento y orines de los otros animales.

En las mayorías de las granjas tienen cubetas donde se van poniendo todos los desperdicios de la casa tales como líquidos amargos, verdura podrida, agua sucia de los platos y todo lo que ya es imposible comer. Adivina qué hacen con eso. Así es: van y se lo tiran a los cerdos, los cuales hacen una verdadera fiesta cuando llegan con las cubetas de tanta porquería.

Días después de estar alimentándolos de toda esta basura, los matan, los venden y también ellos se los comen en todas sus variadas formas. ¿Piensas que porque el cerdo se come la basura ya deja de ser basura y se convierte en algo nutritivo para el hombre?

¿Piensas que por arte de magia deja de ser basura y se convierte en algo bueno para el consumo humano? ¿Qué le sucedió al cerdo biológicamente, o a la rata, o al buitre, cuando Cristo murió en la cruz que ya podemos comerlo? ¿Algo le pasó a nuestro estómago, que ya puede consumir estos animales que son verdaderas bombas de colesterol, de grasa mortal y de venenos para nuestra salud? De ninguna manera, tanto la Biblia como la experiencia prueban lo contrario. El parlamento Israelí ha aprobado por voto, 42 a 15, una prohibición de criar cerdos en Israel. Quedó prohibido criar, tener o matar cerdos, excepto en Nazaret y otros 6 lugares donde hay un gran número de cristianos, que demandan la dieta inmunda.

Qué vergüenza para los "iluminados". Tanto las leyes judías como las musulmanas prohíben el comer cerdo. Con esta ley de los israelitas se les dio, de acuerdo a las leyes judías, un año para que se deshagan de los cerdos que tenían. Después de esa fecha, al que se le encontrara cerdos, se lo sancionaría con una multa de 1000 dólares y al que alquilara su terreno para cerdos debería pagar 500 dólares. El primer ministro David Ben-Gurion declaró que Israel tenía el índice de muerte más bajo del mundo y la esperanza de vida más alta.

¿Será esto por pura casualidad o será que realmente hay una razón específica? Yo creo firmemente que estas estadísticas son el cumplimiento de las promesas de Dios hacia los que le obedecen:

"y dijo: Si oyeres atentamente la voz de Jehová tu Dios, e hicieres lo recto delante de sus ojos, y dieres oído a sus mandamientos, y guardares todos sus estatutos, ninguna enfermedad de las que envié a los egipcios te enviaré a ti; porque yo soy Jehová tu sanador". Éxodo 15:26

Sin duda alguna es porque el pueblo de Israel observa la Ley dietética de Dios, la misma que te previene de un sinnúmero de enfermedades, dolores, sufrimientos físicos y muertes prematuras. Se cuenta la historia de un hombre que compró una granja y empezó a criar cerdos, por lo cual empezó también a comprar camiones repletos de basura para alimentarlos. El negocio creció de tal manera que hizo muchísimo dinero, solo que los vecinos se quejaban del olor nauseabundo, por lo que este hombre ofreció comprarles sus granjas, y ellos aceptaron. Al poco tiempo empezó a tener problemas con los choferes, ya que se le enfermaban a cada rato. Compró perros guardianes, pero no pasó mucho tiempo antes que empezaran a dormitar muy seguido, se volvieron perros enfermizos hasta que finalmente murieron.

A pesar de esto aparentemente nada lo iba a detener del camino a la prosperidad. Llegó la hora de tener familia, pero cuando sus hijos nacieron, lamentablemente nacieron enfermos y débiles, hasta que llegó un momento en que toda la familia enfermó y tuvieron que vender todo para luego cambiarse a otra provincia que le recomendaron los médicos. Finalmente todo lo que ganó vendiendo cerdos lo gastó en médicos, medicinas y funerales.

Los cerdos son portadores de un gusano llamado triquina, y muchos dicen que cociendo bien la carne de cerdo matas al gusano, pero ¿Quién quiere estar comiendo esos gusanos muertos? Todo esto va en contra de lo que nuestros ojos, sentidos y gustos nos demandan. ¿Quién quiere estar comiendo gusanos venenosos?

Otros dicen que sus cerdos son alimentados perfectamente con cereales y maíz, pero se necesitaría un vigilante las 24 horas para que cuide que el cerdo no se coma la porquería de los otros o la de sí mismo. ¿Cómo sabes que esos cerdos no comieron ratas muertas o víboras mientras estaban en su corral? ¿Quién podría ofrecer un certificado de garantía que diga lo que comieron esos cerdos?

En Malaquías 3:6 el Señor nos dice: *"Porque yo Jehová no cambio"*. Debemos de seguir la Ley dietética del Dios Eterno e Inmutable. ¿Por qué siempre estamos en el límite para ver cuántas leyes podemos romper? Queremos seguir vivos pero también salirnos con la nuestra. ¿Por qué no mejor abrazamos la montaña y nos alejarnos del precipicio?

Limpios por dentro y por fuera

Algunos me han dicho: "Yo he comido cerdo y mariscos toda mi vida y nunca me ha pasado nada". Y yo por dentro digo: "Cuánto más inteligentes y despiertos estarían si hubieran honrado a Dios obedeciendo su palabra".

Una vez oí una noticia de un bebé que se cayó de un tren mientras iba a toda velocidad, la buena noticia fue que encontraron al niño sin ni siquiera un solo rasguño. ¿La moraleja de esta noticia será que de aquí en adelante podemos tirar bebés de los trenes? Sabemos que hay ladrones que llevan años robando sin ser atrapados, pero ¿esto prueba que robar está bien?

Espero que el Espíritu Santo nos abra el corazón para recibir y obedecer estas verdades que están para nuestro propio bien y para la gloria de Dios.

¿Qué da más gloria a Dios, un enfermo o un sano?

Un carnicero, experto en carne, me dijo una vez que cuando el cerdo se empieza a echar a perder lo hace de adentro hacia fuera, donde se nota al último.

En cambio, la carne de res se echa a perder desde afuera hacia adentro, donde te puedes dar cuenta inmediatamente. Fíjense que hasta ese detalle el Señor lo pensó de antemano para nuestro propio bien. Se puede quitar la parte que se echó a perder y lo demás se puede comer, como la fruta. Aquí encontramos cómo es que la Ley dietética de Dios tiene razón.

¿No creen que nuestro amado Creador siendo Omnisciente sabía lo que estaba haciendo cuando nos previno de comer los animales inmundos y nos dijo cuáles son limpios? Vamos obedeciendo el plan de salud de Dios.

"¿Y qué acuerdo hay entre el templo de Dios y los ídolos? Porque vosotros sois el templo del Dios viviente, como Dios dijo: Habitaré y andaré entre ellos, Y seré su Dios, y ellos serán mi pueblo. Por lo cual, Salid de en medio de ellos, y apartaos, dice el Señor, Y no toquéis lo inmundo; Y yo os recibiré, Y seré para vosotros por Padre, Y vosotros me seréis hijos e hijas, dice el Señor Todopoderoso.

Así que, amados, puesto que tenemos tales promesas, limpiémonos de toda contaminación de carne y de espíritu, perfeccionando la santidad en el temor de Dios". 2 Corintios 6:16 - 17:1

Dios quiere vivir y caminar en cuerpos sanos y limpios, así que te pregunto el día de hoy: ¿Cómo está tu templo? Aquí no queda espiritualizar estos versículos, está hablando de tu cuerpo, tu carne y tus huesos. Esto es exactamente lo que Dios quiere decir. Hay muchos cristianos que jamás aceptarían un cigarro o un whisky pero con muchas ganas se meten esa carne infestada de excremento, de ratas muertas, de orines y de tumores de otros cerdos muertos.

¿Quién en su sano juicio puede pensar que esta carne ya fue santificada solamente porque oraste?

La biblia nos dice: *"No os conforméis a este siglo, sino transformaos por medio de la renovación de vuestro entendimiento, para que comprobéis cuál sea la buena voluntad de Dios, agradable y perfecta"*. Romanos 12:2

¿Qué vas a escoger? ¿El bien o el mal, lo limpio o lo inmundo, lo santo o la desobediencia? Escoge con mucho cuidado, pues tu futuro está en juego.

Yo sé todos los prejuicios que se levantan en contra de estas leyes, siglos de desobediencia, siglos de malas costumbres, siglos de ignorancia y tinieblas. Nos creemos libres, y de mente abierta. Pensamos que somos los iluminados. Nos creemos más inteligentes y sabios que Dios, pero nunca descansamos en el día de descanso. Nos comportamos como primates: Lo que el mono ve, el mono hace. Nos conformamos.

Hay poca gente como Abraham y muchos como Lot. Demasiada gente sigue a la multitud, pero Jesús dice de nosotros: *"Vosotros sois la luz del mundo; una ciudad asentada sobre un monte no se puede esconder"*. Mateo 5:14

7

Triquinosis, un asesino sutil

Triquinosis es el nombre de la enfermedad que se origina con el gusano llamado Triquina. Su nombre científico es Trichinella Spiralis. La Triquina es uno de 8 o 9 gusanos encontrados en el cerdo.

Este gusano es mortal. Un científico experto dice lo siguiente respecto a este gusano: "En el cerdo hemos encontrado miles de parásitos siniestros. Son gusanos espirales diminutos a los que llamamos Trichinella Spiralis. Una sola mordida a esta carne infectada puede condenar a su víctima a una vida de dolores y sufrimiento".

Este reportaje salió en el Reader's Digest de marzo del año 1950, en el cual el doctor Laird S. Goldsborough continúa diciendo: "En la carne del cerdo la triquina es tan pequeña y tan transparente que para encontrarla, aun con el microscopio más potente, significa un trabajo enorme para los inspectores científicos. No porque la carne tenga los sellos sanitarios de su país significa que ya está a salvo y libre de gusanos. El sello que dice que ese producto ha sido inspeccionado y aprobado no significa que se ha hecho una inspección oficial para determinar si este cerdo está libre de triquinas o no. Sólo significa que ha pasado la inspección de rutina que se le da a todas las carnes en general".

El Senador Thomas C. Desmond, quien se desempeñó como presidente de la Comisión de Triquinosis para Nueva York declaró: "Los médicos han confundido triquinosis con unas 50 enfermedades, que van desde la fiebre tifoidea hasta el alcoholismo agudo". Continúa diciendo: "Ese dolor en el brazo o en la pierna puede ser artritis o reumatismo, pero también puede ser triquinosis. El dolor en la espalda puede significar un compromiso de la vesícula biliar, pero también puede significar triquinosis".

En la columna diaria de un diario local de los Estados Unidos, el Dr. Lamb afirma: "La triquinosis es causada por pequeños gusanos los cuales se encuentran en la carne de cerdo. Una inspección de rutina a la carne no siempre dirá que está infectada. Las pruebas cutáneas que se hicieron para detectar los cerdos infectados en realidad no han tenido éxito".

Se ha reportado en las Universidades del norte de los Estados Unidos, que la carne del cerdo se ha cocinado a temperaturas increíblemente altas y que para su sorpresa, luego de poner la carne bajo los microscopios, todavía se encontraron con estos gusanos asesinos que sobrevivieron las altas temperaturas.

Así que por consiguiente, la suposición de que todos estos gusanos pueden ser asesinados cocinándolos no es cierta. No se puede confiar uno en hervir la carne. ¡Para qué jugarse la salud y la vida con un asesino de esta magnitud!

En otro laboratorio científico, se realizaron exámenes en las articulaciones de los porcinos. Se encontró la misma formación y acumulación de células artríticas en los cerdos como la que es común en la artritis de los seres humanos. Así que vale la pregunta: ¿Quién se lo pegó a quién? ¿Los cerdos la obtuvieron de los seres humanos o los seres humanos de los cerdos?

"Estas no son las afirmaciones sin fundamento de fanáticos vegetarianos de mirada salvaje, sino las conclusiones consideradas cuidadosamente de científicos médicos acreditados. Mientras que algunos han ido tan lejos como para sugerir que cada cerdo asado y jamón Hock ser sellados con el tipo de alerta que llevan los paquetes de cigarrillos, un creciente número de expertos advierten que consumir más de 200 libras de carne de cerdo al año, el estadounidense promedio es comer hasta morir".

En el Saturday Evening Post de julio de 1982, en el artículo "Un misterioso parásito", se publica una nota muy completa que muestra los peligros de la carne de cerdo en la alimentación humana. Aquí reproduzco una pequeña parte de este artículo que dice lo siguiente:

"La triquinosis generalmente se cree que es una rareza. Este punto de vista tiene explicación. A los brotes de triquinosis rara vez se les da amplia publicidad. Y es que son pocas veces incluso reconocidos, porque la triquinosis es el camaleón de enfermedades. Casi todas las enfermedades son anónimas de síntomas cuando inician, y muchos tienden a resistir la identificación hasta que su agarre está bien establecido, pero la mayoría eventualmente pueden identificarse por escrutinio del paciente.

La triquinosis es ocasionalmente impermeable a la detección de cualquier persona en cualquier etapa. Incluso conteos sanguíneos a veces inexplicablemente no revelan su presencia en alguna etapa de su desarrollo. Como una trampa de diagnóstico, es prácticamente única.

El número y la variedad de dolencias con la que es más o menos confundida comúnmente son bastante enciclopédicas. Las mismas incluyen la artritis, el alcoholismo agudo, la conjuntivitis, la intoxicación alimentaria, envenenamiento por plomo, enfermedades del corazón, laringitis, las paperas, el asma, el reumatismo, la fiebre reumática, miocarditis reumática, la gota, la tuberculosis, edema angioneurótico, dermatomiositis, sinusitis frontal, la influenza, la nefritis, úlcera péptica , apendicitis, colecistitis, la malaria, la fiebre escarlatina, fiebre tifoidea, fiebre paratifoidea, la fiebre ondulante, la encefalitis, gastroenteritis, neuritis intercostal, el tétanos, la pleuritis, colitis, meningitis, sífilis, el tifus y el cólera. Incluso se ha confundido con beriberi".

Otros peligros

La Triquina es solo un tipo de gusano encontrado en el cerdo. Y de estos hay muchos y diferente tipos. Existe un gusano grande y redondo. Esta el gusano bala. Luego hay otro que parece un pelo. Y luego otro que parece un anzuelo. Y otro que parece una espina.

Todos estos están en el estómago y en los intestinos del cerdo. Hay otro tipo de gusano que es un gusano en forma de anillo. Otro en forma de látigo. Se encuentran en los riñones.

En una ocasión se encontró un gusano extenso y redondo, de unos treinta centímetros de largo. Los doctores Hess y Clark, de Ashland, Ohio dicen que los médicos han llegado a confundir la triquinosis con 50 diferentes enfermedades, y se cree que la triquinosis es en realidad la originaria de muchos cánceres en el mundo.

Hace un tiempo salió publicada en el periódico de la ciudad de Kansas una noticia que decía que 4000 cerdos tuvieron que ser muertos por tener una infección llamada exantema vesicular. Se encontró que todos estos cerdos eran alimentados con comida de los basureros. ¿Por qué la gente insiste en comer animales que comen basura putrefacta que contienen enfermedades y gusanos tan peligrosos como la triquina? ¿Por qué?

¿No es suficiente con los reportes médicos y científicos como para que dejemos de comer estas unidades móviles de basura mortal?

Una vez le preguntaron a una señora qué tipo de

basurero utilizaba ella para tirar su basura. Y ella respondió sin dudar: 4 cerdos.

Comer carne de cerdo es una costumbre dietética pagana y además es un negocio donde se hace dinero rápido. Yo me pregunto: si hemos avanzado tanto en todas las áreas científicas el día de hoy, ¿por qué seguimos con estas costumbres paganas que producen tantas enfermedades mortales? ¿Por qué tenemos el sentido de valores tan torcido a pesar de ver los resultados tan claros? ¿Por qué siendo el pueblo de Dios, creyentes de la Biblia y temerosos de Dios seguimos desobedeciendo Su Palabra y las verdades que están en ella?

Considera el costo

"Porque raíz de todos los males es el amor al dinero, el cual codiciando algunos, se extraviaron de la fe, y fueron traspasados de muchos dolores". 1 Timoteo 6:10

Creo que aquí está la respuesta a todas las preguntas que hice anteriormente.

La carne de cerdo puede enviarse al mercado muy rápidamente, estos animales se engordan a un precio muy bajo, el de la basura, y se venden caros. Una cerdita llega a tener 8 cerditos, y hasta puede tener entre 10 y 12 crías. Se ha conocido que tienen hasta 22 de un solo nacimiento.

Y pensar que el Señor nos dice que no toquemos ni su cuerpo: *De la carne de ellos no comeréis, ni tocaréis su cuerpo muerto; los tendréis por inmundos".* Levítico 11:8

Yo creo que como cristianos nos han lavado el cerebro y hemos sido adoctrinados a los hábitos paganos de comer, ya que hemos aceptado esta dieta pagana para nuestro sufrimiento y destrucción.

"Mi pueblo fue destruido, porque le faltó conocimiento. Por cuanto desechaste el conocimiento, yo te echaré del sacerdocio; y porque olvidaste la ley de tu Dios, también yo me olvidaré de tus hijos". Oseas 4:6

Dios nos insta a que volvamos a los caminos que Él estableció para nosotros, en cambio vemos como a un hereje a cualquiera que sugiere que deberíamos de volver a los caminos bíblicos limpios de nutrición sana.

En un congreso de médicos y enfermeras de enfermedades contagiosas dijeron lo siguiente. El Dr. Manley, especialista en enfermedades contagiosas de animales, dijo que las autopsias revelaban una verdad aterradora.

Una de cada tres personas a las cuales se les practica la autopsia tiene triquinosis. Es decir que es alarmante el aumento de este gusano asesino. Dios ya nos ha prevenido de este asesino en Su Palabra:

"Jehová te herirá con la úlcera de Egipto, con tumores, con sarna, y con comezón de que no puedas ser curado. Te herirá Jehová con maligna pústula en las rodillas y en las piernas, desde la planta de tu pie hasta tu coronilla, sin que puedas ser curado". Deuteronomio 28:27, 35.

Estos son las luces rojas de alarma de nuestro Dios para prevenirnos del desastre. Todos los que se burlan de las leyes dadas por Dios entran ya sea al hospital con enfermedades terminales o van directo al cementerio. ¿De quién se burlan, de estos científicos tratando de prevenirnos o del predicador que les enseña estas verdades bíblicas? No se burlan de ellos, sino del Creador, en cuyas manos se encuentran nuestras vidas y aliento.

"Los necios se mofan del pecado; Mas entre los rectos hay buena voluntad". Proverbios 14:9 Mucho cuidado con burlarnos de Dios. Como les dijo Pablo a los gálatas: *"Vosotros corríais bien; ¿quién os estorbó para no obedecer a la verdad?"* Gálatas 5:7

Isaías y el cerdo

Es sorprendente cómo el libro de Isaías, con sus 66 capítulos, se asemeja a los 66 libros de la Biblia. Un capitulo por libro. Veamos a continuación dos pasajes de ese libro:

"Extendí mis manos todo el día a pueblo rebelde, el cual anda por camino no bueno, en pos de sus pensamientos; pueblo que en mi rostro me provoca de continuo a ira, sacrificando en huertos, y quemando incienso sobre ladrillos; que se quedan en los sepulcros, y en lugares escondidos pasan la noche; que comen carne de cerdo, y en sus ollas hay caldo de cosas inmundas; que dicen: Estate en tu lugar, no te acerques a mí, porque soy más santo que tú; éstos son humo en mi furor, fuego que arde todo el día. He aquí que escrito

está delante de mí; no callaré, sino que recompensaré, y daré el pago en su seno ". Isaías 65:2-6

"Porque he aquí que Jehová vendrá con fuego, y sus carros como torbellino, para descargar su ira con furor, y su reprensión con llama de fuego. Porque Jehová juzgará con fuego y con su espada a todo hombre; y los muertos de Jehová serán multiplicados. Los que se santifican y los que se purifican en los huertos, unos tras otros, los que comen carne de cerdo y abominación y ratón, juntamente serán talados, dice Jehová ". Isaías 66:15-17

Te recuerdo que es Dios el que habló estas palabras, así que no hagamos caso omiso de estas advertencias debido a nuestros prejuicios cavados en lo profundo de nuestro sistema religioso. El juicio de Dios sigue aun después de nuestras desobediencias.

Cuántas veces vamos a Isaías para encontrar versículos de paz, de consuelo y de liberación, pero estos otros los desechamos por nuestros prejuicios y por nuestros conceptos preconcebidos. Nos gusta Deuteronomio 33, pero desechamos Deuteronomio 14. Aceptamos Levítico 17:11, que dice que la vida de la carne en la sangre está, pero no Levítico 11: 8, que dice *"De la carne de ellos no comeréis, ni tocaréis su cuerpo muerto; los tendréis por inmundos ".*

¿Cómo es posible que hagamos tal barbaridad con la Palabra de Dios? Pedro, escribiendo a la iglesia se refiere a la Escritura de Levítico 11 en 1 Pedro 1:16: *"porque escrito está: Sed santos, porque yo soy santo ".*

Nunca olvidemos que fueron nuestras

transgresiones las que llevaron a Jesús a la cruz. Y Él vino a salvarnos de las transgresiones de la Ley, no a darnos una licencia para continuar en la trasgresión.

"Por lo cual, este es el pacto que haré con la casa de Israel:
Después de aquellos días, dice el Señor:
Pondré mis leyes en la mente de ellos,
Y sobre su corazón las escribiré;
Y seré a ellos por Dios,
Y ellos me serán a mí por pueblo" Hebreos 8:10

Hablando de la palabra de Dios, el salmista declara: *"Tu siervo es además amonestado con ellos; En guardarlos hay grande galardón"*. Salmo 19:11

Otra versión dice: *"Me sirven de advertencia; el premio es grande si uno cumple con ellas"*. (TLA)

¿Por qué las agencias sanitarias permiten la venta de estos productos venenosos y mortales para la salud humana? Porque son agencias humanas con fallas. Así es como venden cigarrillos, licor y todos esos productos que dañan a la salud.

En 1976 los científicos de los Estados Unidos mandaron otro aviso de advertencia diciendo: El cerdo que está siendo vendido en los Estados Unidos, no está siendo revisado para ver si tiene Triquina. Por lo tanto, no respondemos si la gente empieza a ser contaminada con esta enfermedad mortal".

Para concluir, el cerdo es un animal que mata.

8

Cáncer, enfermedad de terror

Lamentablemente existen dos diferentes tipos de esta enfermedad, interna y externa. Se trata de un mal que no respeta a ningún órgano ni tampoco a ninguna persona. Ataca la sangre, los huesos, el cerebro, el hígado y todos los miembros del cuerpo.

Y aunque se ha logrado avanzar un poco en la guerra contra esta enfermedad terrible, todavía sigue burlándose de la ciencia médica, ya que no se encuentra una cura definitiva.

Mientras esperamos a que pronto se descubra una cura, hacemos lo que dice el dicho: "Es mejor prevenir que lamentar", y también "un gramo de prevención es mejor que una tonelada de remedios".

Yo estoy casi seguro de que el cáncer puede ser prevenido a través de la nutrición apropiada y las medidas sanitarias conectas.

"Envió su palabra, y los sanó, Y los libró de su ruina". Salmo 107:20

Al leer la Palabra de Dios podemos ver que al principio la voluntad de Dios era que el hombre viviera con una dieta de semillas, vegetales, nueces y frutas. Un doctor me dijo una vez que la carne roja produce un ácido dulce que alimenta el cáncer, y que por esta razón uno de sus pacientes, un hombre plagado de cáncer en el estómago hizo a un lado la carne roja y adoptó una dieta de pollo, pescado, huevos, queso, leche, nueces, legumbres y frutas. Y para su sorpresa toda la miseria física en la que estaba viviendo se esfumó.

El cáncer desata un verdadero infierno de enfermedades y miseria. La humanidad es un tremendo consumidor de productos del cerdo. Costillas, jamón, salchicha, tocino, patas de cerdo, fiambre, sangre de cerdo, etc. El mundo está plagado de dolores de cabeza, todo tipo de dolores, mareos y todo tipo de sufrimientos físicos.

No olvidemos que Dios estableció el Universo con leyes que lo rigen, y al romper esas leyes las consecuencias que se pagan son a veces muy caras, y hasta incluyen la muerte. Desgraciadamente tenemos que aprender, a veces, de la manera más dura.

Muy frecuentemente parece que sabemos bien lo que queremos y lo que es lo correcto, pero no contamos con el resultado final. Cuando violamos alguna ley ya establecida te puedo asegurar que el resultado es un desastre seguro.

Esto le decía el Señor a Su pueblo: *"¡Ojalá fueran sabios, que comprendieran esto, y se dieran cuenta del fin que les espera!"* Deuteronomio 32:29

¿Cuál es la moraleja de todo esto? Antes que vengan los problemas, enfermedades y calamidades leamos mejor el Manual del Fabricante y veamos cómo debe de operar el hombre en cada situación. Consultemos al Ingeniero en Jefe, al Creador, al Diseñador del equipo que traemos adentro, a quien ideó el espíritu, el alma, el cuerpo y la mente.

No hay ningún problema, pregunta o lío que no tenga una solución que no se pueda encontrar en el Manual del Fabricante. Si el hombre sigue las instrucciones y los preceptos del Manual podrá vivir de forma tranquila y feliz:

"Nunca se apartará de tu boca este libro de la ley, sino que de día y de noche meditarás en él, para que guardes y hagas conforme a todo lo que en él está escrito; porque entonces harás prosperar tu camino, y todo te saldrá bien". Josué 1:8

Nosotros, como criaturas de Dios, deberíamos tener la esperanza de vivir con una salud firme y vigorosa. Nuestro cuerpo debe de ser un laboratorio en el que debemos de probar la dieta que las Escrituras nos recomiendan que usemos.

Sólo así vamos a darnos cuenta que esta dieta es funcional y práctica, y que nada tiene que ver con lo ceremonial. Cuando abusamos del cuerpo y lo alimentamos con alimentos venenosos por muchos años, no podemos esperar que se recupere instantáneamente, ya que toma meses desintoxicarse. Tenemos que escalar hacia arriba de nuevo hacia nuestra salud.

El cuerpo se va renovando con nuevos tejidos, nuevas células, nueva piel, etc., cada siete años. De aquí en adelante, y por lo que nos queda de vida, debemos empezar ya a poner nuevos ladrillos en la construcción de nuestro cuerpo, para que el mismo crezca sanos y fuerte.

Si tú has estado enfermo y sufriendo, toma aliento y ten esperanza. Se paciente, y ponte contento de que has descubierto el camino para el ascenso hacia la cima de tu salud y felicidad.

El regresar a la salud es como subir una montaña cubierta de nieve, das seis pasos hacia arriba y retrocedes cuatro. Y así te la vas llevando hasta que llegas a la cima. Con cada resbalón que sufras no te desanimes, toma aliento y continúa avanzando, pues lo importante es que ya estás en la ruta correcta. Acuérdate que se libra una verdadera batalla en tu sistema. Todo el veneno que metiste por años no va a desaparecer así nomás por arte de magia, ni tampoco todos los gérmenes y bacterias asesinas se van a rendir sin una verdadera campaña en tu contra.

Va tomar tiempo desintoxicar todo tu organismo, así que no es que vas a estar ya burbujeando con vitalidad por el sólo hecho de conocer esta información. Pero sé que te vas a recobrar.

¿Cuánta gente estará sufriendo cáncer? La gente siempre le echa la culpa a Dios. Ellos dicen: "¿Por qué me mandó esto Dios? ¿Por qué me puso este cáncer en mi estomago? Yo he sido muy buena persona, no le he hecho mal a nadie, ¿Por qué a mí? No entiendo"

Y creo que son las preguntas equivocadas, pues en realidad debemos preguntar lo siguiente: ¿Qué es lo que he estado comiendo los últimos 5 años? Este tipo de preguntas muy pocos la hacen. Cuántas burlas y chistes han hecho de esta Ley Dietética para su propia destrucción.

"El principio de la sabiduría es el temor de Jehová; Los insensatos desprecian la sabiduría y la enseñanza". Proverbios 1:7

No necesitas romper ninguna ley moral o espiritual, ya que si rompes la Ley Dietética se pagan las consecuencias. Es la Ley. Recuerda que la ignorancia trae mucho sufrimiento: *"Mi pueblo fue destruido, porque le faltó conocimiento"* Oseas 4:6

Una sociedad de investigaciones hizo pruebas de cáncer con 300 judíos que observaban la Ley Dietética y no encontraron un solo cáncer de ningún tipo todas esas 300 personas. ¿Sabías tú que no existe una sola palabra en el hebreo que se refiera a la enfermedad del cáncer? Esta enfermedad asesina no se conocía entre el pueblo de pacto con Dios.

"Los sacó con plata y oro; y no hubo en sus tribus enfermo". Salmo 105:37

Desgraciadamente no todos los médicos son estudiantes de nutrición. Hay veces que el cáncer ha tomado ya tal fuerza que no hay acción reversible. Qué desgracia ver personas con tremendos talentos y habilidades apagándose por culpa de este flagelo. Qué triste ver tantos profesionales, creativos y hasta ministerios enteros sucumbir ante esta enfermedad.

No va a faltar quien diga que ganar almas es a lo que me debería estar dedicando, en vez de hablar de dietas, o de ayudar a la gente a que se sientan bien físicamente y prolonguen sus vidas en esta tierra.

Pero si nosotros que tenemos la Verdad no le enseñamos a la gente cómo poder vivir sanos y fuertes, ¿Qué tipo de testimonio podemos dar a los que están en tinieblas?

La palabra salvación incluye todo nuestro ser: tanto espíritu y alma como así también todo nuestro cuerpo.

La resurrección en el día postrero se trata del regreso de nuestra parte espiritual a nuestro cuerpo. ¿Quién no quiere estar sano, fuerte, con vitalidad y con fuerza? Nunca podremos ser sabios si rechazamos el consejo de la Palabra de Dios.

Necesitamos urgentemente dos cosas como cristianos: humildad y un corazón abierto a lo que Dios me quiere decir.

Tenemos que entender que ser redimidos de la maldición de la Ley no quiere decir que tengo licencia para violar las leyes ya establecidas por Dios. Por quebrantar las leyes de Dios llegamos al punto de no regreso y viene el trágico final. Yo me pregunto ¿cuántos años más de salud, felicidad y servicio podríamos disfrutar si observáramos las leyes amorosas de Dios?

La maldición no son las Leyes ni tampoco la Ley, sino el romperlas. Fuimos salvados para dejar de transgredirlas y empezar a obedecer, fuimos salvados para que se nos abran los ojos y empecemos a obedecer a nuestro amado Creador. Otra vez te recuerdo el versículo de Oseas 4.6, el cual nos enseña que por rechazar el conocimiento viene la destrucción y la muerte.

Humillémonos, escuchemos, creamos, obedezcamos y seamos bendecidos por Dios. Con este tipo de actitudes se puede ver la Ley del sembrar y el cosechar en plena acción, pues Dios no puede violar sus propias leyes. Lo que siembras eso exactamente cosechas.

"Oirá el sabio, y aumentará el saber, Y el entendido adquirirá consejo. Oye, hijo mío, y recibe mis razones, y se te multiplicarán años de vida. Porque son vida a los que las hallan, y medicina a todo su cuerpo." Proverbios 1:5; 4:10, 22

Satanás odia la Ley de Dios, es un rebelde y aborrece la obra de Dios. Busca por todos los medios destruirla, burlarse de ella y ridiculizarla, por eso es que está muy interesado en matar y detener a Sus hijos, hasta que logra detenerlos. ¿Y qué bien le hacen al Señor o cómo podrían extender su Reino si están muertos?:

"Porque en la muerte no hay memoria de ti; en el Seol, ¿quién te alabará?" Salmo 6:5

"No alabarán los muertos a JAH, Ni cuantos descienden al silencio" Salmo 115:17 *"Porque el Seol no te exaltará, ni te alabará la muerte; ni los que descienden al sepulcro esperarán tu verdad. El que vive,*

el que vive, éste te dará alabanza, como yo hoy; el padre hará notoria tu verdad a los hijos." Isaías 38:18-19

No solo cáncer se produce por comer esta carne sino una infinidad de enfermedades y sufrimientos en todos los niveles de la vida humana. Dios, en el cual están escondidos todos los tesoros de la sabiduría y conocimiento (Colosenses 2:3) nos ha prevenido de todos estos sufrimientos.

Entre los años 1918 y 1919 una epidemia arrasó con más de 20 millones de personas en los Estados Unidos y muchas partes de Europa. Toda esta cantidad de personas murieron debido a la influenza ocasionada por el cerdo, la cual es una especie de resfrío.

Mira lo que Dios te promete si sigues Sus mandamientos: *"y dijo: Si oyeres atentamente la voz de Jehová tu Dios, e hicieres lo recto delante de sus ojos, y dieres oído a sus mandamientos, y guardares todos sus estatutos, ninguna enfermedad de las que envié a los egipcios te enviaré a ti; porque yo soy Jehová tu sanador".* Éxodo 15:26

9

La visión de Pedro

En cuanto a este tema, muchos te van a discutir con la visión que tuvo Pedro en la azotea, pues hay quienes creen que esto nulifica la Ley Dietética. En Hechos 10 y 11 podemos leer esta historia, donde Dios está mandando por primera vez a un judío a la casa de un gentil con el evangelio, marcando con este evento el principio de "el tiempo de los gentiles", como vemos que anunció Jesús:

"Y caerán a filo de espada, y serán llevados cautivos a todas las naciones; y Jerusalén será hollada por los gentiles, hasta que los tiempos de los gentiles se cumplan" Lucas 21:24

Pablo también se refirió a esto cuando les escribió a los romanos:

"Porque no quiero, hermanos, que ignoréis este misterio, para que no seáis arrogantes en cuanto a vosotros mismos: que ha acontecido a Israel endurecimiento en parte, hasta que haya entrado la plenitud de los gentiles". Romanos 11:25

Hasta este momento, siete años después del día de Pentecostés, ningún judío pensaba que el evangelio era para los gentiles. Creían que era solo para la nación de Israel.

Si tú hubieras vivido en Jerusalén en ese tiempo, los discípulos jamás te hubieran testificado del Mesías. Ellos sabían que eran el pueblo elegido de Dios, y que tenían que ser separados para Dios. Sabían que no debían mezclarse con los gentiles socialmente y menos comer con ellos. Ni se diga casarse y perecer por mezclarse con ellos.

Así que aproximadamente 7 años después de Pentecostés vino esta visión a Pedro. De ahí fue enviado por Dios a la casa de Cornelio, quien era un gentil, capitán de un grupo de cien soldados romanos, al que se conocía como Regimiento Italiano. Y aunque Pedro obedeció a Dios él no sabía por qué había sido enviado. Hasta ese momento la Palabra había sido predicada solo a los judíos, como dice en el libro de Hechos:

"Ahora bien, los que habían sido esparcidos a causa de la persecución que hubo con motivo de Esteban, pasaron hasta Fenicia, Chipre y Antioquía, no hablando a nadie la palabra, sino sólo a los judíos". Hechos 11:19

Vamos a ver un poco más en detalles esta historia:

"Al día siguiente... Pedro subió a la azotea para orar, cerca de la hora sexta. Y tuvo gran hambre, y quiso comer; pero mientras le preparaban algo, le sobrevino un éxtasis; y vio el cielo abierto, y que descendía algo semejante a un gran lienzo, que atado de las cuatro puntas era bajado a la tierra; en el cual había de todos los cuadrúpedos terrestres y reptiles y aves del cielo.

Y le vino una voz: Levántate, Pedro, mata y come. Entonces Pedro dijo: Señor, no; porque ninguna cosa común o inmunda he comido jamás. Volvió la voz a él la segunda vez: Lo que Dios limpió, no lo llames tú común. Esto se hizo tres veces; y aquel lienzo volvió a ser recogido en el cielo.

Y mientras Pedro estaba perplejo dentro de sí sobre lo que significaría la visión que había visto, he aquí los hombres que habían sido enviados por Cornelio, los cuales, preguntando por la casa de Simón, llegaron a la puerta. Y llamando, preguntaron si moraba allí un Simón que tenía por sobrenombre Pedro.

Y mientras Pedro pensaba en la visión, le dijo el Espíritu: He aquí, tres hombres te buscan. Levántate, pues, y desciende y no dudes de ir con ellos, porque yo los he enviado. Entonces Pedro, descendiendo a donde estaban los hombres que fueron enviados por Cornelio, les dijo: He aquí, yo soy el que buscáis; ¿cuál es la causa por la que habéis venido?

Ellos dijeron: Cornelio el centurión, varón justo y temeroso de Dios, y que tiene buen testimonio en toda la nación de los judíos, ha recibido instrucciones de un santo ángel, de hacerte venir a su casa para oír tus palabras. Entonces, haciéndoles entrar, los hospedó. Y al día siguiente, levantándose, se fue con ellos; y le acompañaron algunos de los hermanos de Jope.

Al otro día entraron en Cesarea. Y Cornelio los estaba esperando, habiendo convocado a sus parientes y amigos más íntimos. Cuando Pedro entró, salió Cornelio a recibirle, y postrándose a sus pies, adoró. Mas Pedro le levantó, diciendo: Levántate, pues yo mismo también soy hombre. Y hablando con él, entró, y halló a muchos que se habían reunido.

Y les dijo: Vosotros sabéis cuán abominable es para un varón judío juntarse o acercarse a un extranjero; pero a mí me ha mostrado Dios que a ningún hombre llame común o inmundo; por lo cual, al ser llamado, vine sin replicar. Así que pregunto: ¿Por qué causa me habéis hecho venir?

Entonces Cornelio dijo: Hace cuatro días que a esta hora yo estaba en ayunas; y a la hora novena, mientras oraba en mi casa, vi que se puso delante de mí un varón con vestido resplandeciente, y dijo: Cornelio, tu oración ha sido oída, y tus limosnas han sido recordadas delante de Dios.

Envía, pues, a Jope, y haz venir a Simón el que tiene por sobrenombre Pedro, el cual mora en casa de Simón, un curtidor, junto al mar; y cuando llegue, él te hablará. Así que luego envié por ti; y tú has hecho bien en venir. Ahora, pues, todos nosotros estamos aquí en la presencia de Dios, para oír todo lo que Dios te ha mandado.

Entonces Pedro, abriendo la boca, dijo: En verdad

comprendo que Dios no hace acepción de personas, sino que en toda nación se agrada del que le teme y hace justicia. Dios envió mensaje a los hijos de Israel, anunciando el evangelio de la paz por medio de Jesucristo; éste es Señor de todos.

Vosotros sabéis lo que se divulgó por toda Judea, comenzando desde Galilea, después del bautismo que predicó Juan: cómo Dios ungió con el Espíritu Santo y con poder a Jesús de Nazaret, y cómo éste anduvo haciendo bienes y sanando a todos los oprimidos por el diablo, porque Dios estaba con él.

Y nosotros somos testigos de todas las cosas que Jesús hizo en la tierra de Judea y en Jerusalén; a quien mataron colgándole en un madero. A éste levantó Dios al tercer día, e hizo que se manifestase; no a todo el pueblo, sino a los testigos que Dios había ordenado de antemano, a nosotros que comimos y bebimos con él después que resucitó de los muertos.

Y nos mandó que predicásemos al pueblo, y testificásemos que él es el que Dios ha puesto por Juez de vivos y muertos. De éste dan testimonio todos los profetas, que todos los que en él creyeren, recibirán perdón de pecados por su nombre.

Mientras aún hablaba Pedro estas palabras, el Espíritu Santo cayó sobre todos los que oían el discurso. Y los fieles de la circuncisión que habían venido con Pedro se quedaron atónitos de que también sobre los gentiles se derramase el don del Espíritu Santo. Porque los oían que hablaban en lenguas, y que magnificaban a Dios.

Entonces respondió Pedro: ¿Puede acaso alguno impedir el agua, para que no sean bautizados estos que han recibido el Espíritu Santo también como nosotros? Y mandó bautizarles en el nombre del Señor Jesús. Entonces le rogaron que se quedase por algunos días".
Hechos 10:9-48

Te pido que abras tu corazón en honestidad y dejes que Dios abra los ojos de tu entendimiento para que encuentres la verdad que Dios quiere que conozcas.

Primero que nada recordemos que este velo lleno de todo tipo de animales impuros descendió del cielo. El Señor no le enseñó una cueva de víboras o un chiquero acá en la tierra.

Recordemos también que el velo regresó al cielo. Ahora, las palabras "Levántate, mata y come", ¿Significan que Dios estaba anulando la Ley Dietética? ¿Se está echando Dios para atrás en cuanto a la higiene física y la sanidad para su pueblo? *"Dios no es hombre, para que mienta, Ni hijo de hombre para que se arrepienta. El dijo, ¿y no hará? Habló, ¿y no lo ejecutará?"* Números 23:19

¿Acaso la obra de Jesús en la cruz hizo algún tipo de milagro biológico en estos animales inmundos y convirtió su carne para que sea inofensiva al consumo humano?

¿Acaso la venida de la dispensación de la gracia y la venida del Evangelio alteraron de tal manera el proceso gástrico y el aparato digestivo del hombre que ahora puede consumir toda esta carne envenenada? ¿Será que ahora podemos comer este tipo de carnes y el Señor edificará en nosotros un cuerpo sano en lugar de enfermarnos y hasta matarnos, como antes lo hacía?

Al leer este pasaje vemos que Pedro de ninguna manera llegó a esta conclusión, es más, dice que quedó perplejo, pensando en el significado de esa visión (v.17), él mismo se preguntaba qué significaría lo que acababa de ver.

Pedro se dio cuenta que esto no tenía nada que ver con un cambio en la Ley Dietética. Todos los animales inmundos que venían en el lienzo eran símbolos de las naciones gentiles, consideradas inmundas para los judíos, aun hasta el día de hoy. Por ejemplo, el símbolo de Estados Unidos es un águila (animal inmundo). El de Inglaterra es un León. El de Rusia un oso. El símbolo de China es un dragón, el de México, un águila con una serpiente y el de Guatemala, un quetzal. Todos estos son animales inmundos.

Bajo el antiguo pacto Dios había instruido muy claramente a Israel no mezclarse con las naciones gentiles y considerarlas inmundas. Debían mantenerse alejados de ellos socialmente para mantenerse fuertes como nación.

No hay ninguna evidencia de que la visión de Pedro haya tenido algo que ver con la Ley Dietética. Él entendió muy bien lo que Dios quería: que se levantara y comiera con los gentiles a los que lo iba a enviar y para que les compartiera la palabra de Dios, el mensaje del Mesías y su salvación. El mismo Pedro llega a una conclusión, como vemos en el versículo 28, cuando dice:

"Ustedes deben saber que a nosotros, los judíos,

la ley no nos permite visitar a personas de otra raza ni estar con ellas. Pero Dios me ha mostrado que yo no debo rechazar a nadie. Por eso he aceptado venir a esta casa". (TLA)

Pedro es acusado más tarde por los ancianos de Israel de haber ido con los incircuncisos y haber comido con ellos: *"¿Por qué has entrado en casa de hombres incircuncisos, y has comido con ellos?"* Hechos 11:3

La incircunsición era una marca de impureza para ellos. Si un hombre no estaba circuncidado no podía tener un pacto con Dios. Todo el mundo en Jerusalén estaba en estado de shock porque Pedro había ido a comer a la casa de un inmundo de otra nación.

Fue allí que Pedro les contó cómo al predicar la Palabra a estos gentiles el Espíritu Santo cayó sobre todos ellos. Y experimentaron la misma limpieza que los judíos al recibir a Jesús y ser llenos del Espíritu Santo.

Nadie puede, en su mente correcta y examinando bien todo el contexto, decir que Dios estaba anulando la Ley Dietética y permitiendo que comamos toda esta carne inmunda de animales carroñeros, llena de gérmenes y productora de enfermedades.

¿Cómo puede ser que hubo un tiempo en que aun tocar los cuerpos de estos animales era una abominación y de repente en un segundo ya se pueden comer como una delicatesen? Tal razonamiento es incongruente, ilógico y va en contra de las Escrituras.

Al leer este pasaje debemos entender que el Señor estaba limpiando personas, no cerdos. ¿Realmente piensas que sólo porque bajó el lienzo y volvió a subir todos estos animales inmundos ya fueron hechos limpios y ahora están listos para consumirlos? Y en cuanto a todas las naciones representadas en ese lienzo, ¿Piensas que fueron también hechas limpias?

Entonces no tiene caso todo trabajo misionero, no tiene caso el ganar almas para el Señor. Debemos entender que el objetivo principal de esta visión son las PERSONAS, no los animales. Así como Dios está interesado que gente limpiada por la sangre del Cordero de Dios entre al cielo (donde Dios habita), de la misma forma Dios está interesado en que entre alimento sano y limpio en tu cuerpo, que también es la habitación de Dios:

"¿No sabéis que sois templo de Dios, y que el Espíritu de Dios mora en vosotros?" 1 Corintios 3:16

Se necesita un milagro verdadero de parte de Dios para limpiar un corazón sucio y para que pueda vivir en el cielo con Dios. Y no ha habido tal milagro con los animales, eso no lo encontramos en ningún lado de la Palabra.

Dios está tratando con personas, no con animales. Este malentendido ha provocado la muerte de cientos de miles de buenos cristianos que por no escudriñar bien las Escrituras han quebrantado la Ley Dietética para su propio perjuicio.

"Porque esta es la voluntad de Dios: que haciendo bien, hagáis callar la ignorancia de los hombres insensatos". 1 Pedro 2:15

Más adelante al escribir en su segunda epístola, Pedro dice:

"Pero les ha acontecido lo del verdadero proverbio: El perro vuelve a su vómito, y la puerca lavada a revolcarse en el cieno" 2 Pedro 2:22

El apóstol compara a los que retroceden con el perro y la puerca. Pone al perro y al cerdo como comparación del estado mas caído al que puede llegar el hombre sin Dios. Hemos visto en este capítulo que fueron Cornelio y toda su gente los que fueron hechos limpios y aptos para irse con el Señor. El día de hoy todas esas personas ya fueron llevadas al cielo como ese lienzo del que leímos anteriormente.

Gracias a Dios que el cielo fue abierto para nosotros los gentiles a través de Jesucristo, el Mesías.

"Entonces Pedro, abriendo la boca, dijo: En verdad comprendo que Dios no hace acepción de personas, sino que en toda nación se agrada del que le teme y hace justicia. Entonces, oídas estas cosas, callaron, y glorificaron a Dios, diciendo: ¡De manera que también a los gentiles ha dado Dios arrepentimiento para vida!" Hechos 10:34-35; 11:18

10

Textos fuera de contexto

La verdad acerca de la carne

Vamos a considerar ahora otro pasaje de la Escritura que se usa como excusa para comer cualquier cosa:

"Pero el Espíritu dice claramente que en los postreros tiempos algunos apostatarán de la fe, escuchando a espíritus engañadores y a doctrinas de demonios; por la hipocresía de mentirosos que, teniendo cauterizada la conciencia, prohibirán casarse, y mandarán abstenerse de alimentos que Dios creó para que con acción de gracias participasen de ellos los creyentes y los que han conocido la verdad. Porque todo lo que Dios creó es bueno, y nada es de desecharse, si se toma con acción de gracias; porque por la palabra de

91

Dios y por la oración es santificado". 1Timoteo 4:1-5

Este pasaje nos habla expresamente de aquellos que en los tiempos finales se apartarán de la fe, aquellos que prohibirán casarse y abstenerse de comer de alimentos que Dios creó para que participemos de ellos. Es decir que no todos los alimentos fueron creados para recibirlos en nuestro organismo. Y este pasaje también menciona a los que han conocido la verdad. ¿La verdad acerca de qué? ¿De qué verdad está hablando Pablo?

Cada vez que en el Antiguo Testamento se habla de la verdad, se está hablando de las Escrituras. Dentro de estas Escrituras encontramos la Ley Dietética.

Entonces, si está hablando de comer alimentos, y si está hablando de la verdad, y si está hablando de que por la Palabra de Dios y la oración los alimentos son santificados, lo que está diciendo es que la verdad, es decir la Palabra de Dios, nos será como una guía para saber qué comer y qué no comer. El versículo 4 se puede interpretar de cualquier forma si lo lees aislado de su contexto original, y hacer esto es peligrosísimo.

Si realmente pudiéramos comer de todo con sólo dar gracias esto incluiría comer todo tipo de animal ponzoñoso, reptiles venenosos, etc. Incluyendo los gusanos que se comen a los cuerpos en putrefacción.

También incluiría el canibalismo, que involucra comer seres humanos, ya que también fuimos creados por Dios. Así que ora, da gracias y cómete a tu hermano.

Así que, si vamos a interpretar el versículo solo, queda abierta la posibilidad de comer el siguiente menú:

Para entrada, cóctel de víbora de cascabel, luego puedes escoger: sopa de murciélago o ensalada con termitas y gusanos recién sacados del cuerpo de una rata muerta.

Para el plato principal tenemos opción de asado de buitre en su jugo, o si quieres algo más liviano y para poder dormir bien, perro sarnoso a la parmesana o un sándwich de arañas viuda negra, o arañas pollito con salsa picante, para contrarrestar el picor del veneno.

Y de postre puedes elegir entre un helado de avispas negras o moscas de cementerio, de esas verdes y gordas. Seguramente has de decir: "Piúuu, no exageres".

Y en realidad no estoy exagerando, porque si vas a tomar el versículo 4 fuera de su contexto entonces este menú tiene mucho sentido. Todas estas criaturas están en la misma categoría que el cerdo.

Es más, al cerdo no le hace asco a ninguna de estas criaturas si de pronto se las encuentra en su camino. ¿Podremos comer toda esta inmundicia y seguir sanos? ¿Cuál es la interpretación correcta de este pasaje?

Cuando dice, "lo que Dios creó" no está hablando literalmente de toda criatura, sino que debemos interpretar correctamente la Escritura y no tomar cualquier versículo de manera que podamos usarlo para nuestro propio beneficio o para comprobar nuestras teorías. Recordemos lo que dijo Dios en el libro de Levítico:

"Porque yo soy Jehová vuestro Dios; vosotros por tanto os santificaréis, y seréis santos, porque yo soy

santo; así que no contaminéis vuestras personas con ningún animal que se arrastre sobre la tierra. Porque yo soy Jehová, que os hago subir de la tierra de Egipto para ser vuestro Dios: seréis, pues, santos, porque yo soy santo.

Esta es la ley acerca de las bestias, y las aves, y todo ser viviente que se mueve en las aguas, y todo animal que se arrastra sobre la tierra, para hacer diferencia entre lo inmundo y lo limpio, y entre los animales que se pueden comer y los animales que no se pueden comer". Levítico 11:44-47

La mayoría de las personas que leen el pasaje de 1 Timoteo 4 se saltan la expresión del versículo 5: *"porque por la Palabra de Dios y por la oración es santificado"* y dicen que con oración todo alimento se puede comer.

Imagínate una mesa con animales llenos de gérmenes, gusanos mortales, todo tipo de bacterias, enfermedades y hasta una bolsa de desperdicios contagiosos de un hospital y luego decir que con acción de gracias y oración te los puedes comer. ¿Qué nos pasa? La Biblia no dice eso en ningún lado.

Lo que Pablo está diciendo es que lo que vamos a comer necesitamos santificarlo, es decir, separarlo por medio de la Palabra de Dios. En ese tiempo los judíos solo tenían el Antiguo Testamento como autoridad de parte de Dios, y de esa palabra estaba hablando Pablo. Para santificar la comida se utilizaba Levítico 11 y Deuteronomio 14. A eso se refiere Pablo en el versículo 5, y a esto es lo que se refiere Pablo en el versículo 4 cuando dice: "Todo lo que Dios creó es bueno".

Sería ridículo querer orar por lo que está prohibido por la ley de Dios. Esto va en nuestra propia contra, nos causará dolor y mucha vergüenza. Por más hermoso que sea un auto cero kilómetro no puedo orar y luego robármelo cuando la Ley moral claramente dice "No robarás".

De la misma manera no puedo orar y pedirle a Dios que bendiga este cerdo cuando Él me dijo que no lo coma. ¿Por qué me he de auto-destruir? Recuerda que la Ley de Dios no debe ser quebrantada, pues las consecuencias son aterradoras.

Cuerpos contaminados, no el corazón

Otro de los versículos que se utilizan supuestamente para suprimir la Ley Dietética es Mateo 15:11:

"No lo que entra en la boca contamina al hombre; mas lo que sale de la boca, esto contamina al hombre".

Pero el mismo Señor nos explica este versículo en los versículos 17-18:

"¿No entendéis que todo lo que entra en la boca va al vientre, y es echado en la letrina? Pero lo que sale de la boca, del corazón sale; y esto contamina al hombre".

Y es aun más clara la explicación en Marcos 7:

"Nada hay fuera del hombre que entre en él, que le pueda contaminar; pero lo que sale de él, eso es lo que

contamina al hombre". Marcos 7:15

En pocas palabras, no es nuestro espíritu el que es contaminado, pero sí nuestra carne física. Y si no me crees, come veneno de rata y vas a ver cómo ruedas por el piso y de ahí te van a llevar al cementerio. No porque estás bajo la gracia significa que ya no te afecta nada en la carne. Ve a cualquier hospital y pregunta cuántos están ahí por haber comido algún tipo de veneno y vas a ver la condición en la que se encuentran.

¡Nuestros cuerpos están bajo las mismas estrictas leyes que Dios estableció desde el principio! Cuando Jesús dijo en Marcos 16:17-18 *"tomarán en las manos serpientes..."* no significa que ya podemos andar buscando víboras para jugar con ellas. Al decir esto no significa que Dios ya anuló el veneno de las serpientes para que podamos andar dando espectáculos de la gran fe que tenemos. Te lo explico así por si algún día de casualidad andas de misionero en el África y te pica una serpiente, como le pasó al apóstol Pablo en Hechos 28:1-6.

Sea como sea, no debemos andar tentando al Señor tomando en las manos serpientes, ni comiendo cerdo, el cual está lleno de serpientes diminutas, casi invisibles. Hacer estas cosas no es demostrar fe, sino un orgullo estúpido y presumido, lo cual Dios aborrece. ¿Qué hay de lo que dice en 1 Corintios 10:27-28?:

"Si algún incrédulo os invita, y queréis ir, de todo lo que se os ponga delante comed, sin preguntar nada por motivos de conciencia. Mas si alguien os dijere: Esto fue sacrificado a los ídolos; no lo comáis, por causa de

aquel que lo declaró, y por motivos de conciencia; porque del Señor es la tierra y su plenitud".

Cuando me invitan a comer y sé que ese alimento me va a hacer daño yo no lo como, simplemente les pido disculpas y les digo que eso ya me ha hecho daño antes y que no puedo comerlo.

Somos guarda templos

Nosotros somos los encargados de cuidar el templo del Dios vivo, es decir, nuestro cuerpo.

"Si alguno destruyere el templo de Dios, Dios le destruirá a él; porque el templo de Dios, el cual sois vosotros, santo es". 1 Corintios 3:17

Esto es para el cristiano y su cuerpo, y al romper las leyes dietéticas estamos destruyendo nuestros cuerpos. Necesitamos empezar a tener temor de Dios y de su Palabra, necesitamos empezar a honrar a nuestro Creador y Su manual de usuario para nuestras vidas:

"El hijo honra al padre, y el siervo a su señor. Si, pues, soy yo padre, ¿dónde está mi honra? y si soy señor, ¿dónde está mi temor? dice Jehová de los ejércitos a vosotros, oh sacerdotes, que menospreciáis mi nombre. Y decís: ¿En qué hemos menospreciado tu nombre?" Malaquías 1:6

11

Jesús contra el cerdo

Hemos visto hasta ahora lo que Dios estableció como ley para su pueblo, pero ¿Cuál fue la actitud de Jesús hacia la Ley Dietética?

Primero que nada, Él debió guardar la Ley o de lo contrario no hubiera podido ser el Redentor del mundo. Él tuvo que cumplir todos los requisitos divinos en cuanto a la Ley en una forma total para estar irreprensible y poder ser el sacrificio perfecto, con el fin de estar sin la más mínima condenación de pecado o culpa.

En ningún lugar de las Escrituras nos dice que Jesús comió algo inmundo o que haya violado las leyes nutricionales y de salud. Si así fuera Él nunca hubiera podido decirles a los fariseos: "¿Cuál de ustedes me condena por trasgresor?"

En tres de los cuatro evangelios tenemos la historia del endemoniado gadareno, que relata que al llegar a la playa de Gadara, vino a Jesús un hombre poseído por demonios. Nadie había podido con él, ni domarlo, ni liberarlo, ni encadenarlo. Andaba desnudo, y vivía entre las tumbas, pero Jesús lo liberó y mando a la legión de demonios a los cerdos que estaban cerca. Los cerdos se pusieron como locos y empezaron a correr hacia el desfiladero y los dos mil cayeron al mar y se ahogaron.

Jesús no vino a destruir el medio ambiente, y esto se demuestra cuando al alimentar a los cinco mil mandó a sus discípulos a recoger todas las sobras. Sin embargo en esta historia leemos que destruyó a dos mil cerdos de un solo golpe. Si hubieran sido para el bien de la humanidad Jesús los hubiera defendido y hubiera enviado los demonios a otro lugar como lo hizo en otras ocasiones.

Jesús produjo una verdadera revolución en esa pequeña ciudad, ya que la historia relata que todo el pueblo salió y le pidieron a Jesús que se fuera de sus costas:

"Y toda la ciudad salió al encuentro de Jesús; y cuando le vieron, le rogaron que se fuera de sus contornos". Mateo 8:34

Parece que esta gente prefería ver a un hombre totalmente atado a demonios y ser destruido, que cambiar su estilo de vida y su forma de comer. Preferían a sus cerdos que escuchar a un verdadero profeta de Dios. Esto me recuerda a la actitud del pueblo de Israel cuando Dios les prometió un profeta:

"Profeta de en medio de ti, de tus hermanos, como

yo, te levantará Jehová tu Dios; a él oiréis; conforme a todo lo que pediste a Jehová tu Dios en Horeb el día de la asamblea, diciendo: No vuelva yo a oír la voz de Jehová mi Dios, ni vea yo más este gran fuego, para que no muera.

Y Jehová me dijo: Han hablado bien en lo que han dicho. Profeta les levantaré de en medio de sus hermanos, como tú; y pondré mis palabras en su boca, y él les hablará todo lo que yo le mandare. Mas a cualquiera que no oyere mis palabras que él hablare en mi nombre, yo le pediré cuenta". Deuteronomio 18:15-19

A Jesús también lo rechazaron y le pidieron que se fuera de sus vidas por destruir a sus cerdos queridos. La naturaleza humana no ha cambiado con los años ni tampoco cambiará, así que ni te sorprendas por las reacciones violentas contra ti y contra la Ley dietética por defender su dieta de carroñeros. La misma respuesta tienen el día de hoy los hombres. Una cosa es segura, Dios quiere que estemos sanos, fuertes y bendecidos.

Otro ejemplo de cómo trató Jesús con el cerdo lo vemos en la historia del hijo pródigo que encontramos en Lucas 15:11-32. Destaco algunos pasajes:

"Y cuando todo lo hubo malgastado, vino una gran hambre en aquella provincia, y comenzó a faltarle. Y fue y se arrimó a uno de los ciudadanos de aquella tierra, el cual le envió a su hacienda para que apacentase cerdos. Y deseaba llenar su vientre de las algarrobas que comían los cerdos, pero nadie le daba".

El estar al lado de estos animales es una figura que representa lo más bajo que puede caer el hombre.

Cuando finalmente esta persona vuelve en sí y regresa a la casa de su padre, ¿Qué piensas que mandó matar el padre? ¿El cerdo más gordo?:

"Pero el padre dijo a sus siervos: Sacad el mejor vestido, y vestidle; y poned un anillo en su mano, y calzado en sus pies. Y traed el becerro gordo y matadlo, y comamos y hagamos fiesta" Lucas 15:22-23

Recuerda que Jesús dijo: *"No penséis que he venido para abrogar la ley o los profetas; no he venido para abrogar, sino para cumplir. Porque de cierto os digo que hasta que pasen el cielo y la tierra, ni una jota ni una tilde pasará de la ley, hasta que todo se haya cumplido.*

De manera que cualquiera que quebrante uno de estos mandamientos muy pequeños, y así enseñe a los hombres, muy pequeño será llamado en el reino de los cielos; mas cualquiera que los haga y los enseñe, éste será llamado grande en el reino de los cielos". Mateo 5:17-19

12

Comiendo sangre

¿Cuánta gente preciosa de Dios habrá que aman al Señor, que no faltan los domingos a la iglesia, diezman y hacen todo lo que hace un cristiano verdadero pero que sufren muertes realmente lamentables por comer alimentos equivocados?

Muchas veces nuestra fe es desafiada a ver tales desenlaces, y nos preguntamos "¿De qué sirve creer en Dios si no me respondió para sanar a mi abuelita o a mi mamá?" Es importantísimo que entendamos las verdades establecidas en la Biblia.

Todo el Universo opera con leyes fijas, y estas leyes operan en toda la vida, en cada esfera y en cada nivel. Si las guardamos seremos beneficiados. Si las desechamos seremos afectados muy seriamente.

Una de las leyes de la termodinámica dice: "para todo efecto hay una causa."

No sé si me lo vas a creer, pero hay gente que literalmente come sangre de cerdo. Esto es considerado en "países altamente civilizados" una verdadera delicadeza para el paladar. Ahí te das cuenta el porqué tanto sufrimiento, tanto dolor y tantas muertes prematuras. Pura transgresión de la ley dietética.

Toda sangre, incluyendo la sangre de animales limpios está estrictamente prohibida por razones dietéticas. Ahora imagínate la sangre de animales inmundos. Una doble ofensa que desata enfermedad y muerte a millones de personas en el planeta.

Vamos a leer el siguiente mensaje que viene directamente de la Capital del mundo, del mismo trono del Universo, el Cielo:

"Solamente que te mantengas firme en no comer sangre; porque la sangre es la vida, y no comerás la vida juntamente con su carne. No la comerás; en tierra la derramarás como agua. No comerás de ella, para que te vaya bien a ti y a tus hijos después de ti, cuando hicieres lo recto ante los ojos de Jehová". Deuteronomio 12:23-25

Esta es una prohibición estricta del Todopoderoso en cuanto a comer la sangre. Otra escritura:

"Y se lanzó el pueblo sobre el botín, y tomaron ovejas y vacas y becerros, y los degollaron en el suelo; y

el pueblo los comió con sangre. Y le dieron aviso a Saúl, diciendo: El pueblo peca contra Jehová, comiendo la carne con la sangre. Y él dijo: Vosotros habéis prevaricado; rodadme ahora acá una piedra grande.

Además dijo Saúl: Esparcíos por el pueblo, y decidles que me traigan cada uno su vaca, y cada cual su oveja, y degolladlas aquí, y comed; y no pequéis contra Jehová comiendo la carne con la sangre. Y trajo todo el pueblo cada cual por su mano su vaca aquella noche, y las degollaron allí. Y edificó Saúl altar a Jehová; este altar fue el primero que edificó a Jehová". 1 Samuel 14:32-35

Se comían la carne con todo y su sangre, y esto es un pecado contra Dios, pues es pura desobediencia a Su Palabra. Otra Escritura:

"Además, ninguna sangre comeréis en ningún lugar en donde habitéis, ni de aves ni de bestias. Cualquiera persona que comiere de alguna sangre, la tal persona será cortada de entre su pueblo". Levítico 7:26-27

Esto sucede literalmente cuando se desecha su palabra preventiva.

"Si cualquier varón de la casa de Israel, o de los extranjeros que moran entre ellos, comiere alguna sangre, yo pondré mi rostro contra la persona que comiere sangre, y la cortaré de entre su pueblo. Porque la vida de la carne en la sangre está, y yo os la he dado para hacer expiación sobre el altar por vuestras almas; y la misma sangre hará expiación de la persona.

Por tanto, he dicho a los hijos de Israel: Ninguna persona de vosotros comerá sangre, ni el extranjero que mora entre vosotros comerá sangre. Y cualquier varón de los hijos de Israel, o de los extranjeros que moran entre ellos, que cazare animal o ave que sea de comer, derramará su sangre y la cubrirá con tierra.

Porque la vida de toda carne es su sangre; por tanto, he dicho a los hijos de Israel: No comeréis la sangre de ninguna carne, porque la vida de toda carne es su sangre; cualquiera que la comiere será cortado". Levítico 17:10-14

"Solamente que te mantengas firme en no comer sangre; porque la sangre es la vida, y no comerás la vida juntamente con su carne". Deuteronomio 12:23

Ya que la vida está en la sangre, entonces antes de que cualquier enfermedad este en la carne, primero fluye por la sangre. Casi todas las enfermedades empiezan primero como sangre envenenada. ¿Qué es lo que se hace en las casas funerarias primero? Se saca la sangre del muerto y se le mete un líquido para embalsamar. Al hacer esto el cuerpo puede aguantar mucho tiempo.

Eso es lo que se hacía con los cuerpos de los faraones en Egipto y por eso se encuentran hoy día como momias. Tomemos este consejo de parte del Señor que hizo los Cielos y la Tierra: ninguna sangre es buena como alimento.

El Señor dio instrucciones claras de cómo matar a los animales: cortándoles el cuello, para que el corazón bombeara la sangre hacia afuera de la carne.

Por esta razón es que en el Nuevo Testamento los apóstoles previnieron a los cristianos gentiles:

"que os abstengáis de lo sacrificado a ídolos, de sangre, de ahogado y de fornicación; de las cuales cosas si os guardareis, bien haréis". Hechos 15:29

El día de hoy desgraciadamente, hay mucha corrupción en todas las áreas de la vida incluyendo en las carnicerías, ya que no se mata al ganado como debe de matarse, cortándoles el cuello con electricidad o con un balazo en la cabeza, de modo que la sangre queda en la carne. Esto hace que tenga más peso y que se pueda vender por más dinero, con un sabor supuestamente mejor.

Esta carne sangrienta la comemos diariamente y contribuye a la mayoría de los cánceres que existen el día de hoy. Los judíos actualmente demandan carne kosher: carne sin sangre, limpia y de animales que han sido sacrificados de acuerdo a las Escrituras.

Por esta causa muchos de los hospitales están llenos de gente con enfermedades que los doctores no saben ni qué son, ni cómo curarlos. ¿Cómo se puede limpiar la carne? Métela en agua por media hora, sécala, ponle mucha sal y déjala así por una hora. Eso eliminará la mayoría de la sangre en la carne. Enjuágala y prepárala como siempre.

Si todavía no te sientes bien de salud, deja de comer carne y come más pescado: Salmón, Trucha, Atún, y peces con aletas y con escamas. También puedes consumir pollo, nueces, queso y huevos.

Cuando vayas al supermercado siempre ten en cuenta lo siguiente: Nunca será bueno para tu economía comprar comida barata, ya que después lo que te ahorraste lo tendrás que gastar en el doctor, en hospitales, medicinas y en funerales.

Mastica bien la comida y no te la tragues con gaseosas. Come más despacio. En los EE.UU. se inyectan suavizantes a las reses para que cuando tú las comas se te deshagan en la boca. Lo malo es que esos suavizantes que les inyectan mientras están todavía vivos hacen que en 10 minutos caigan muertos de la suavizada que les metieron. Imagínate que si a una res de 500 o 600 kilos la suavizaron hasta la muerte, ¿qué nos hará a nosotros ese suavizante?

Se nos dice, desde luego, que no hay riesgo. Siempre dicen lo mismo y nosotros les creemos. Si tomas sangre de bestias, imagínate los instintos bestiales que vas a traer sin darte cuenta, ¿de dónde vendrán esos instintos?

El que Dios lo prohíba debe de ser suficiente para obedecerle. ¿Para qué poner en riesgo nuestra preciosa salud, fuerza y nuestra misma vida? Muchas veces alimentamos nuestros cuerpos con comida demasiado pesada y siempre algo va a terminar cediendo. Como un globo que inflas de más, la parte más débil es la que va a ceder y explotará en cualquier momento.

Qué sucede cuando comes grasa

"Estatuto perpetuo será por vuestras edades,

dondequiera que habitéis, que ninguna grosura ni ninguna sangre comeréis ". Levítico 3:17

Estudios científicos han llegado a la conclusión de que comer exceso de grasa es un verdadero asesino. Tanto la biblia como la ciencia están de acuerdo, y eso que Dios le dio a Moisés esta ley dietética hace más de 3400 años.

Las moléculas de grasa viajan a través del torrente sanguíneo y van siendo depositadas en las paredes internas de la arteria coronaria. Las proteínas y la grasa se van quemando, pero el colesterol va quedando. Conforme se va amontonando va achicando e irritando la arteria y a la vez va deteniendo más colesterol en sus paredes. En poco tiempo la sangre ya no tiene espacio para circular libremente por las venas y por los vasos capilares, lo que crea una condición de alta presión que muchas veces termina en ataque cardíaco, hemorragia cerebral o una embolia. Esto sucede todos los días en todo el planeta.

Cuando se está con sobrepeso, hay mucho peligro de quedar paralizado, ciego, y mucho más propenso a sufrir ataques al corazón o embolia cerebral. Se llega a comer niveles infartantes de grasa animal a niveles peligrosísimos, más de lo que se debe consumir. Las personas ignoran esto y siguen consumiendo grasa y no hacen nada por corregir esta dieta mortal y asesina.

¿Qué pasaría si nos metiéramos una semana a una dieta de solamente legumbres, cereales, nueces y frutas? Te aseguro que nos sentiríamos mucho mejor en muy poco tiempo.

Si obedeciéramos al pie de la letra Levítico 3:17, el pasaje que leímos al principio, recuperaríamos nuestra preciosa salud.

No sé cómo no hay más personas cayendo en la calle de ataques al corazón por la forma en que comemos. Nos alimentamos con sobredosis de tocino, salchichas, papas fritas, tortas sobrecargadas de azúcar, helados, manteca, gaseosas, etc. La sangre en vez de tener una textura de aceite fino lubricante, es como una miel gruesa. El corazón y la sangre claman de sed por agua limpia para adelgazar este torrente pesado de sangre y quitarle esta carga tan pesada al corazón. Cuando la sangre está muy pesada llega un momento que el corazón dice "me rindo, no puedo empujar más sangre".

Esto es lo que le pasa a todo nuestro cuerpo, le metemos comidas tan pesadas, que algo tiene que ceder. Es importantísimo que bebamos agua entre comidas para poder disolver la sangre. ¿Pero qué es lo que hacemos cuando tenemos sed? Tomamos "una coquita", como dicen en Argentina. ¡Nos desesperamos por una gaseosa! Y estas bebidas artificiales te quitan la sed por un tiempo, pero tan pronto como el azúcar de esa gaseosa entra al torrente sanguíneo la engruesa más y tienes que tomar más de esa gaseosa.

La sangre se va despojando de toda esta grasa a lo largo de las venas y esto hace que se vayan formando capas de grasa. Es un círculo vicioso que significa más trabajo para el corazón.

El corazón es una bomba que trabaja sin cesar por muchos años y es castigado terriblemente cuando nos alimentamos mal. El corazón está diseñado para aguantar muchos años, pero también tiene sus límites. Cuando el corazón hace huelga y dice hasta aquí llegué, el hombre muere. Vamos a dejar que nuestro corazón se vaya de vacaciones y démosle mucha agua entre comidas para que pueda desintoxicarse y darle descanso. Así verás que recobrarás la salud y te sentirás mucho mejor.

Siempre ten presente que la grasa es el enemigo número uno del corazón. Mientras más depósitos de grasa haya en el cuerpo, mas difícil será para el corazón bombear la sangre a través de esas capas de grasa.

Está comprobado que las personas que tienen sobrepeso obtienen como consecuencia menos años de vida. El corazón es un instrumento magnifico, una verdadera obra maestra de Dios, es un instrumento de alta precisión, muy fuerte y resistente, solo que tiene sus límites, hasta que llega el punto de no regreso.

¿Recuerdas a los hijos de Elí el sumo sacerdote? Uno de los tantos pecados que cometieron fue el comer la grasa de los animales sacrificados:

"Los hijos de Elí eran hombres impíos, y no tenían conocimiento de Jehová. Y era costumbre de los sacerdotes con el pueblo, que cuando alguno ofrecía sacrificio, venía el criado del sacerdote mientras se cocía la carne, trayendo en su mano un garfio de tres dientes, y lo metía en el perol, en la olla, en el caldero o en la marmita; y todo lo que sacaba el garfio, el sacerdote lo tomaba para sí. De esta manera hacían con todo israelita que venía a Silo.

Asimismo, antes de quemar la grosura, venía el

criado del sacerdote, y decía al que sacrificaba: Da carne que asar para el sacerdote; porque no tomará de ti carne cocida, sino cruda. Y si el hombre le respondía: Quemen la grosura primero, y después toma tanto como quieras; él respondía: No, sino dámela ahora mismo; de otra manera yo la tomaré por la fuerza.

Era, pues, muy grande delante de Jehová el pecado de los jóvenes; porque los hombres menospreciaban las ofrendas de Jehová". 1 Samuel 2:12-17

Es peligrosísimo pasarnos los llamados de atención de nuestro Dios Todopoderoso. El Señor reprendió a Elí por no llamarles la atención a sus hijos y por no estorbarlos en el camino por el que estaban transitando:

"¿Por qué habéis hollado mis sacrificios y mis ofrendas, que yo mandé ofrecer en el tabernáculo; y has honrado a tus hijos más que a mí, engordándoos de lo principal de todas las ofrendas de mi pueblo Israel?

Por tanto, Jehová el Dios de Israel dice: Yo había dicho que tu casa y la casa de tu padre andarían delante de mí perpetuamente; mas ahora ha dicho Jehová: Nunca yo tal haga, porque yo honraré a los que me honran, y los que me desprecian serán tenidos en poco. He aquí, vienen días en que cortaré tu brazo y el brazo de la casa de tu padre, de modo que no haya anciano en tu casa".
1 Samuel 2:29-31

Es más, el sobrepeso de Elí fue lo que le causó la muerte:

"Y corriendo de la batalla un hombre de Benjamín, llegó el mismo día a Silo, rotos sus vestidos y tierra sobre su cabeza; y cuando llegó, he aquí que Elí estaba sentado en una silla vigilando junto al camino, porque su corazón estaba temblando por causa del arca de Dios. Llegado, pues, aquel hombre a la ciudad, y dadas las nuevas, toda la ciudad gritó.

Cuando Elí oyó el estruendo de la gritería, dijo: ¿Qué estruendo de alboroto es este? Y aquel hombre vino aprisa y dio las nuevas a Elí. Era ya Elí de edad de noventa y ocho años, y sus ojos se habían oscurecido, de modo que no podía ver.

Dijo, pues, aquel hombre a Elí: Yo vengo de la batalla, he escapado hoy del combate. Y Elí dijo: ¿Qué ha acontecido, hijo mío? Y el mensajero respondió diciendo: Israel huyó delante de los filisteos, y también fue hecha gran mortandad en el pueblo; y también tus dos hijos, Ofni y Finees, fueron muertos, y el arca de Dios ha sido tomada.

Y aconteció que cuando él hizo mención del arca de Dios, Elí cayó hacia atrás de la silla al lado de la puerta, y se desnucó y murió; porque era hombre viejo y pesado. Y había juzgado a Israel cuarenta años. Y su nuera la mujer de Finees, que estaba encinta, cercana al alumbramiento, oyendo el rumor que el arca de Dios había sido tomada, y muertos su suegro y su marido, se inclinó y dio a luz; porque le sobrevinieron sus dolores de repente.

Y al tiempo que moría, le decían las que estaban junto a ella: No tengas temor, porque has dado a luz un hijo. Mas ella no respondió, ni se dio por entendida. Y llamó al niño Icabod, diciendo: !!Traspasada es la gloria de Israel! por haber sido tomada el arca de Dios, y por la muerte de su suegro y de su marido. Dijo, pues: Traspasada es la gloria de Israel; porque ha sido tomada el arca de Dios". 1 Samuel 4:12-22

Leamos de nuevo Levítico 3:17: *"Estatuto perpetuo será por vuestras edades, dondequiera que habitéis, que ninguna grosura ni ninguna sangre comeréis".*

Ahora bien, no pienses que porque no tienes rollos alrededor de tu cuerpo significa que no tienes grasa acumulándose en tus venas. Las verdades de Dios en su Palabra son inalterables, son para bendecirnos y para que disfrutemos salud y larga vida.

Que el Señor abra nuestros corazones para que recibamos todas sus verdades para nuestro bien y para su gloria. Tengamos también cuidado con la sal: demasiada sal hace pedazos tus vasos sanguíneos y hace que retengas los líquidos engordándote también de esa manera.

Aunque a veces no entendamos todos los aspectos de las leyes dietéticas en el área biológica y dietética, aceptemos de manera humilde las directivas de la Palabra de Dios.

13

Bebidas suaves a cuerpos suaves

Una vez oí a un médico decirle a su hijo: "Prefiero verte beber whisky a que bebas cualquier gaseosa con cola". ¿Te suena muy duro? ¿Por qué tal consejo? Porque el médico sabe que su hijo está al tanto de que beber whisky en exceso es malo, ya que desde la primera probada hasta la última hay un gran riesgo de que llegue a convertirse en un alcohólico.

Sin embargo esto no sucede con las gaseosas de cola, que están cargadas de cantidades mortales de azúcar blanca, ácido fosforito, cafeína, colorantes y saborizantes. Sin saberlo, esta gran gama de productos va destruyendo todos nuestros fundamentos de salud.

El ácido fosfórico está hecho de roca fosfórica con ácido sulfúrico. ¿Cómo puede ser posible que bebamos tal bebida? El ácido fosfórico tiene plomo, hierro, aluminio y arsénico. Nuestro cuerpo no puede eliminar ninguna de estas cosas, por lo que gradualmente se van acumulando hasta que finalmente todo este veneno destruye tu cuerpo.

Estos elementos provocan que el cerebro se ablande, afectan tus neuronas y provocan ataques nerviosos, apatía física, problemas serios con la mente, anemia, acidosis, lesiones renales, destruyen los riñones, producen calcificación defectuosa, problemas en los huesos y previenen el crecimiento en los niños. También abre la puerta a la terrible Poliomielitis   .

La asociación médica de los EE.UU. dijo en una ocasión: "Este Concilio cree conveniente que bebidas carbonatadas no deberían de venderse en ninguna escuela de este país". Alguien dijo que un gramo de prevención es mejor que una tonelada de remedios.

Lo mismo sucedió con la asociación dental americana, la cual dijo que se debería prohibir la venta de todo tipo de dulces y gaseosas. Es impresionante la cantidad de dientes tanto en niños como en adultos que han sido arruinados solamente por beber gaseosas y dulces.

La Asociación dental alemana también pidió que se prohibiera la venta de gaseosas en las escuelas y que en las envolturas de los dulces se pusiera un aviso que dijera: "este producto es dañino para la salud". Has de decir: "entonces ¿Qué podemos beber?"

La maravillosa, refrescante, limpiadora y sana AGUA. Es lo único que satisface la sed. Puedes conseguirla en cualquier lado, es barata, y si no puedes comprar agua purificada, entonces hiérvela.

Acostúmbrate a beber agua entre comidas en vez de una gaseosa, la cual solo te infla y es una bomba de tiempo. También está la leche, que es otra bebida creada por Dios para nuestro consumo, al igual que todo tipo de jugos de frutas.

¿Y qué hay del café? Sí, ya sé que es delicioso, pero la cafeína no tiene ningún valor alimenticio, y además forma un hábito. Es un estimulante que te levanta por encima de tu nivel emocional, pero luego de repente te deja caer, convirtiéndose en un depresivo.

Te da un "Pa 'rriba", un sentimiento exuberante, pero en dos o tres horas, te va a dejar caer debajo de lo normal.

Es como tener un caballo bien cansado, al cual le das de latigazos para que corra y trabaje, tal vez te responda, pero al terminar tendrás un caballo a punto de morirse, al punto del colapso. Y no se te olvide que tú eres ese caballo.

La Universidad de Harvard, una de las más destacadas universidades del mundo, ha declarado que el café es culpable de producir cáncer en las vías urinarias. Produce cáncer del páncreas, en el hígado y en los riñones.

¿Y qué pasa con los cigarros? Son peores que lo anterior, ya que no solo lastiman al que lo fuma sino que son una verdadera plaga para los que están a su alrededor. El fumador es atrapado en un círculo vicioso.

Estamos viviendo en un mundo de cabeza, estoy convencido de eso. Si hubiera una sola evidencia que un puente está a punto de caerse, se cerraría inmediatamente a todo tipo de circulación. Sin embargo, se ha comprobado que fumar produce cáncer de los pulmones y ¿qué se hace al respecto? Nada.

El Colegio Real Británico de Medicina dio un reporte recientemente diciendo:

"fumar cigarros produce cáncer de los pulmones, enfisema pulmonar, bronquitis y contribuye a enfermedades de las coronarias del corazón". Todos los fumadores de cigarros son propensos a estas enfermedades, y lo más seguro es que sufran muertes horrendas y dolorosas por culpa de estas adicciones.

Mi pregunta es ¿Qué necesidad tenemos de eso? El siguiente reportaje salió en el principal periódico de New York:

La catástrofe que viene
Especialistas de cáncer ven venir una verdadera catástrofe a nuestro país. Es la catástrofe de fumar cigarros. Se cree que el 80 % de cáncer de los pulmones de los 93,000 casos de cáncer pulmonar, es debido a la nicotina contenida en el cigarro. El cigarro también produce cáncer en la boca, garganta, páncreas y el hígado. En los Estados Unidos hay 100,000 personas que mueren de cáncer, y 1 de cada 3 están asociadas con cigarros.

La ley

No hay una sola ley de todas las que Dios le dio a Moisés que pueda ser quebrantada sin que el que la rechaza sufra físicamente o mentalmente. Espiritualmente, claro que ya no estamos bajo la ley sino bajo la gracia de Dios. Jamás obtendremos la salvación por observar la Ley, pero aun así somos culpables de desechar la mayoría de las leyes de Dios y por eso estamos de una u otra forma en líos.

Veamos algunas de estas leyes, por ejemplo Levítico 15:13:

"Cuando se hubiere limpiado de su flujo el que tiene flujo, contará siete días desde su purificación, y lavará sus vestidos, y lavará su cuerpo en aguas corrientes, y será limpio". ¿Por qué piensas que Dios le dijo a Su pueblo que para ser purificado tiene que correr el agua?

Después de 3500 años los científicos han descubierto que la mayoría de las enfermedades contagiosas son transmitidas por bacterias casi invisibles que se pegan a las manos y al cuerpo cuando entras en contacto con el enfermo. Estas bacterias se acumulan en tus manos y en todo tu cuerpo y se multiplican por el calor como así también por la transpiración de tu cuerpo. Sucede que si te lavas en una cubeta el agua no corre, y lo que estás haciendo es solo revolver y mezclar esa agua contaminada, dejando todos los gérmenes ahí dentro.

Pero algo diferente sucede cuando te lavas o bañas con agua corriente, ya que todas las bacterias son llevadas por el agua, de esta manera, cuando acabas de lavarte, tu cuerpo queda libre de los gérmenes.

Otro ejemplo importante es el guardar el séptimo día, muy necesario para nuestra salud física y mental, como así también para nuestro bienestar y larga vida.

En Francia cambiaron el día de descanso, en vez de ser cada 7 días, lo quisieron hacer cada 10 días y lo que pasó fue que sus animales se empezaron a enfermar y comenzaron a morir gradualmente. Esto fue después de la revolución. Fueron sacados de la armonía de la ley establecida por Dios y empezaron a morir. "Los burros le dieron a los ateos una lección de teología práctica".

Recuerda que nuestros cuerpos han sido construidos como relojes de 6 días, si el séptimo día no le das cuerda, la tumba te va a dar tu descanso, pero para siempre.

Nuestros cuerpos necesitan constantemente ser recargados de energía, como sucede con las baterías. Esta ley no debe ser quebrantada de manera alguna, de lo contrario nos quebraremos nosotros en el intento. La gente que está constantemente trabajando y no respeta esta ley luego tienen que tomar drogas para continuar trabajando.

Los doctores, artistas, cantantes y todos aquellos que rompen las leyes de Dios concernientes al descanso tienen que tomar toda esa basura de fármacos cuyo único final es que terminan muertos y ahogados en su propio vómito. Este tipo de vida trae aparejado el colapso mental, el colapso físico y luego la muerte.

Mira lo que dice la Palabra de Dios en cuanto a

esto:

"Fueron, pues, acabados los cielos y la tierra, y todo el ejército de ellos. Y acabó Dios en el día séptimo la obra que hizo; y reposó el día séptimo de toda la obra que hizo". Génesis 2:1-2

"Seis días lo recogeréis; mas el séptimo día es día de reposo; en él no se hallará.

Mas el séptimo día es reposo para Jehová tú Dios; no hagas en él obra alguna, tú, ni tu hijo, ni tu hija, ni tu siervo, ni tu criada, ni tu bestia, ni tu extranjero que está dentro de tus puertas.

Seis días se trabajará, mas el día séptimo os será santo, día de reposo para Jehová; cualquiera que en él hiciere trabajo alguno, morirá". Éxodo 16:26; 20:10; 35:2;

"Seis días trabajarás, y harás toda tu obra; mas el séptimo día es reposo a Jehová tu Dios; ninguna obra harás tú, ni tu hijo, ni tu hija, ni tu siervo, ni tu sierva, ni tu buey, ni tu asno, ni ningún animal tuyo, ni el extranjero que está dentro de tus puertas, para que descanse tu siervo y tu sierva como tú. Acuérdate que fuiste siervo en tierra de Egipto, y que Jehová tu Dios te sacó de allá con mano fuerte y brazo extendido; por lo cual Jehová tu Dios te ha mandado que guardes el día de reposo". Deuteronomio 5:13-15

Un día de descanso es urgente para tu vida. ¿Cuantos han muerto después o poco antes de jubilarse? Ni andar de vagos, ni irse al otro extremo son la voluntad de Dios.

14

¿Por qué ayunar?

¿Qué hay del ayuno? ¿Dónde lo enseña Dios? ¿Es para cristianos hoy en día? ¿Por qué y cuándo ayunar? ¿Realmente significa cero comidas y agua? ¿Me podría perjudicar? ¿Cuáles son los beneficios? ¿Por cuánto tiempo debo hacerlo?

Sin duda son muchas las preguntas que la gente tiene en cuanto a este tema, pero en esta ocasión tocaré solamente la superficie del ayuno.

El espíritu de ayuno está muy claro en el siguiente pasaje:

"¿No es más bien el ayuno que yo escogí, desatar las ligaduras de impiedad, soltar las cargas de opresión, y dejar ir libres a los quebrantados, y que rompáis todo

yugo? ¿No es que partas tu pan con el hambriento, y a los pobres errantes albergues en casa; que cuando veas al desnudo, lo cubras, y no te escondas de tu hermano?

Entonces nacerá tu luz como el alba, y tu salvación se dejará ver pronto; e irá tu justicia delante de ti, y la gloria de Jehová será tu retaguardia. Entonces invocarás, y te oirá Jehová; clamarás, y dirá él: Heme aquí. Si quitares de en medio de ti el yugo, el dedo amenazador, y el hablar vanidad; y si dieres tu pan al hambriento, y saciares al alma afligida, en las tinieblas nacerá tu luz, y tu oscuridad será como el mediodía.

Jehová te pastoreará siempre, y en las sequías saciará tu alma, y dará vigor a tus huesos; y serás como huerto de riego, y como manantial de aguas, cuyas aguas nunca faltan. Y los tuyos edificarán las ruinas antiguas; los cimientos de generación y generación levantarás, y serás llamado reparador de portillos, restaurador de calzadas para habitar". Isaías 58:6-12

Jesús enseñó lo siguiente en cuanto al tema:

"Cuando ayunéis, no seáis austeros, como los hipócritas; porque ellos demudan sus rostros para mostrar a los hombres que ayunan; de cierto os digo que ya tienen su recompensa. Pero tú, cuando ayunes, unge tu cabeza y lava tu rostro, para no mostrar a los hombres que ayunas, sino a tu Padre que está en secreto; y tu Padre que ve en lo secreto te recompensará en público". Mateo 6:16-18

Así que el ayuno no debe de ser una actividad de la cual todo el mundo debe enterarse, y además debe de ser hecho para Dios:

*"Habla a todo el pueblo del país, y a los
sacerdotes, diciendo: Cuando ayunasteis y llorasteis en
el quinto y en el séptimo mes estos setenta años, ¿habéis
ayunado para mí?"* Zacarías 7:5

El ayuno debe de ir acompañado de pedir al Señor
perdón por mis pecados y decidir una nueva obediencia a
lo que el Señor me ha mostrado a través de su palabra:

*"Si se humillare mi pueblo, sobre el cual mi
nombre es invocado, y oraren, y buscaren mi rostro, y se
convirtieren de sus malos caminos; entonces yo oiré
desde los cielos, y perdonaré sus pecados, y sanaré su
tierra"*. 2 Crónicas 7:14

*"Inclinad vuestro oído, y venid a mí; oíd, y vivirá
vuestra alma; y haré con vosotros pacto eterno, las
misericordias firmes a David. Buscad a Jehová mientras
puede ser hallado, llamadle en tanto que está cercano.
Deje el impío su camino, y el hombre inicuo sus
pensamientos, y vuélvase a Jehová, el cual tendrá de él
misericordia, y al Dios nuestro, el cual será amplio en
perdonar"*. Isaías 55:3,6-7

*"Entonces respondió y me habló diciendo: Esta es
palabra de Jehová a Zorobabel, que dice: No con
ejército, ni con fuerza, sino con mi Espíritu, ha dicho
Jehová de los ejércitos"*. Zacarías 4:6

¿Quiénes ayunaron en el Antiguo Testamento?
Uno de los siervos de Dios que ayunó varias veces fue
David:

*"Entonces David rogó a Dios por el niño; y ayunó
David, y entró, y pasó la noche acostado en tierra"*. 2

Samuel 12:16

"Mis rodillas están debilitadas a causa del ayuno, y mi carne desfallece por falta de gordura". Salmo 109:24

También lo hicieron Nehemías, Ester y Daniel, como podemos ver en los siguientes versículos:

"Cuando oí estas palabras me senté y lloré, e hice duelo por algunos días, y ayuné y oré delante del Dios de los cielos". Nehemías 1:4

"Ve y reúne a todos los judíos que se hallan en Susa, y ayunad por mí, y no comáis ni bebáis en tres días, noche y día; yo también con mis doncellas ayunaré igualmente, y entonces entraré a ver al rey, aunque no sea conforme a la ley; y si perezco, que perezca". Ester 4:16

"Y volví mi rostro a Dios el Señor, buscándole en oración y ruego, en ayuno, cilicio y ceniza". Daniel 9:3

También ayunaron los discípulos de Juan: *"Entonces vinieron a él los discípulos de Juan, diciendo: ¿Por qué nosotros y los fariseos ayunamos muchas veces, y tus discípulos no ayunan? Jesús les dijo: ¿Acaso pueden los que están de bodas tener luto entre tanto que el esposo está con ellos? Pero vendrán días cuando el esposo les será quitado, y entonces ayunarán"*. Mateo 9:14-15

"y era viuda hacía ochenta y cuatro años; y no se apartaba del templo, sirviendo de noche y de día con ayunos y oraciones". Lucas 2:37

"Entonces Cornelio dijo: Hace cuatro días que a esta hora yo estaba en ayunas; y a la hora novena, mientras oraba en mi casa, vi que se puso delante de mí un varón con vestido resplandeciente". Hechos 10:30;

Los profetas y maestros de la iglesia en Antioquía también ayunaron: *"Ministrando éstos al Señor, y ayunando, dijo el Espíritu Santo: Apartadme a Bernabé y a Saulo para la obra a que los he llamado".* Hechos 13:2

Pablo tampoco se quedaba atrás: *"en trabajo y fatiga, en muchos desvelos, en hambre y sed, en muchos ayunos, en frío y en desnudez"* 2 Corintios 11:27

Jesús ayunó antes de cada decisión grande que tenía que tomar. En una ocasión, luego de sanar a un muchacho que padecía a causa de un demonio maligno, les dijo a sus discípulos que había ciertos espíritus que no salían sino con oración y ayuno (Mateo 17:14-21).

Ya que la comida es el deseo número 1 en todo el mundo, entonces el ayuno no es fácil. Satanás odia que ayunemos, por esta razón se manifestó muy mal después que Jesús ayuno 40 días:

"Entonces Jesús fue llevado por el Espíritu al desierto, para ser tentado por el diablo. Y después de haber ayunado cuarenta días y cuarenta noches, tuvo hambre. Y vino a él el tentador, y le dijo: Si eres Hijo de Dios, di que estas piedras se conviertan en pan. El respondió y dijo: Escrito está: No sólo de pan vivirá el hombre, sino de toda palabra que sale de la boca de Dios".
Mateo 4:1-4

El diablo quería que Jesús comiera piedras convertidas en pan, pero Jesús le respondió con Deuteronomio 8:3. Satanás siempre va a querer intervenir en tu voluntad cuando tratas de hacer lo que a Dios le agrada.

Por eso es que necesitamos pedirle al Señor fuerzas para vencer estos ataques. El día que decidas ayunar es el día que el diablo vendrá contra ti para decirte que el ayuno no es para ti.

La principal batalla aquí es contra la carne, porque el hambre es el deseo más grande que tiene el hombre, y es una fuerza que domina toda la vida en el planeta. Un ayuno completo significa estar sin comida y sin bebida. Si no puedes sin la bebida, entonces hazlo con bebida.

El ayuno aclara tu mente y permite que puedas pensar y orar en una forma efectiva. Mira lo que el rey Salomón escribió: *"Todo el trabajo del hombre es para su boca, y con todo eso su deseo no se sacia"*. Eclesiastés 6:7

Cuando ayunas le estás diciendo a Dios que el deseo de conocer y hacer su voluntad significa mucho más que el deseo más grande que tenemos como hombres en la tierra, el cual es el comer. Si Gandhi pudo mover con sus ayunos al gobierno de Inglaterra, cuanto más nosotros como hijos de Dios vamos a llegar al corazón de Dios cuando ayunamos.

Beneficios físicos del ayuno

El ayuno siempre será beneficioso para nuestra

salud. Los ayunos regulares nos ayudan a quemar la grasa y toda la contaminación que tenemos en el cuerpo, nos desintoxica los intestinos, el estómago y todo lo que no se logra quemar con ejercicio y actividad. El ayuno le da a tu corazón y otros órganos vitales el descanso necesario, es como apagar el motor del auto cuando desciendes por una pendiente y dejar que baje con el motor apagado.

A veces se siente como una especie de debilidad o un sentimiento de enfermedad cuando ayunas. Lo que sucede es que como no tienes comida en el estómago tu sistema digestivo comienza a quemar todas las toxinas, las grasas, los azúcares, y todo el veneno que has venido acumulando con el paso del tiempo. Es por esta razón que se sienten todos esos síntomas. Tomar mucha agua, salir a tomar aire fresco y realizar actividades físicas ayudan mucho a diluir todas estas basuras y a vencer este sentimiento de malestar.

Recuerda que tanto fertilizante sintético en la comida, insecticidas, aditivos, colorantes, conservantes y saborizantes artificiales para que los alimentos tengan color, sabor y duren indefinidamente son los que tienes que expulsar de tu organismo. Es bueno tomar agua para que puedas sacar todos estos venenos mortales de tu sistema. Cuando ayunas la sangre se hace más espesa, por eso es importante que bebas agua. Como mencioné antes, esos malestares, que pueden ser también dolores de cabeza, y esa debilidad que empiezas a sentir no es por falta de alimento, sino porque estás eliminando los venenos de tu cuerpo. Luego de unos días te sentirás mejor, con más vigor y más joven.

Si no te animas a hacer un ayuno prolongado de repente no te preocupes, puedes empezar ayunando hasta las 3 de la tarde el primer día y luego un día entero, para después continuar con otros dos y hasta tres días. No termines el ayuno con tremenda comida, sino con un jugo, o un pedazo de pan y un vaso de leche.

Mientras más dure el ayuno más despacio debes comenzar a ayunar.

"Y todo lo que hacéis, sea de palabra o de hecho, hacedlo todo en el nombre del Señor Jesús, dando gracias a Dios Padre por medio de él". Colosenses 3:17

El ayuno te ayuda a aclarar tu mente y a llevar a cabo responsabilidades en tu casa y en el trabajo con mucha mayor precisión. Aun saltarse una comida te dará el beneficio de una mayor lucidez para pensar mejor y te hará apreciar más la comida. Siempre recuerda que el comer de más te atrofia el paladar, en cambio el ayuno te lo afila. Otra cosa que deberías tener en cuenta es que al comer apropiadamente reconstruimos las células de todo nuestro cuerpo.

Así como el diezmar trae bendiciones financieras, el ayunar trae consigo bendiciones físicas. Ayunar es como una cirugía de Dios sin dolor ni anestesia, ya que poniendo en práctica esta actividad reconstruimos las células de todo nuestro cuerpo.

15

El sueño restaurador

Antes de continuar con esta sección me gustaría que leamos tres pasajes de la Escritura. El primero relata la huída de Elías a Horeb:

"Acab dio a Jezabel la nueva de todo lo que Elías había hecho, y de cómo había matado a espada a todos los profetas. Entonces envió Jezabel a Elías un mensajero, diciendo: Así me hagan los dioses, y aun me añadan, si mañana a estas horas yo no he puesto tu persona como la de uno de ellos.

Viendo, pues, el peligro, se levantó y se fue para salvar su vida, y vino a Beerseba, que está en Judá, y dejó allí a su criado. Y él se fue por el desierto un día de camino, y vino y se sentó debajo de un enebro; y deseando morirse, dijo: Basta ya, oh Jehová, quítame la vida, pues no soy yo mejor que mis padres.

Y echándose debajo del enebro, se quedó dormido; y he aquí luego un ángel le tocó, y le dijo: Levántate, come. Entonces él miró, y he aquí a su cabecera una torta cocida sobre las ascuas, y una vasija de agua; y comió y bebió, y volvió a dormirse.

Y volviendo el ángel de Jehová la segunda vez, lo tocó, diciendo: Levántate y come, porque largo camino te resta. Se levantó, pues, y comió y bebió; y fortalecido con aquella comida caminó cuarenta días y cuarenta noches hasta Horeb, el monte de Dios". 1 Reyes 19:1-8

"Por demás es que os levantéis de madrugada, y vayáis tarde a reposar, Y que comáis pan de dolores; Pues que a su amado dará Dios el sueño". Salmo 127:2;

"Dulce es el sueño del trabajador, coma mucho, coma poco; pero al rico no le deja dormir la abundancia". Eclesiastés 5:12

El sueño es tan importante como la buena comida, el ejercicio, el aire fresco, y los pensamientos correctos, ya que actúa como un generador que recarga la batería de nuestro cuerpo.

Debemos dejar que el corazón descanse, y al comer pesado de noche solo ponemos al corazón a trabajar en lugar de dejarlo descansar.

Con razón nos levantamos igual de cansados que cuando nos dormimos. Esto es el resultado de que el corazón ha estado trabajando toda la noche. ¿Cómo estas tratando tu corazón?

Dios dividió el tiempo en día y noche. Lo ideal es consumir tres comidas al día con 5 horas de diferencia, comenzando con el "des" ayuno, es decir, la primera comida del día que rompe con el ayuno de tantas horas que hemos tenido desde la noche anterior.

Este período de tiempo durante la noche le permite el cuerpo quemar la basura, los sobrantes y descansar, por eso es que debemos de cenar ligero.

Necesitamos un buen colchón, una suave almohada y dormir cuando está oscuro. Alguien dijo una vez: "acuéstate temprano, levántate temprano, esto es lo que constituye a un hombre sano, rico y sabio".

La mayoría de los hombres que han hecho historia han sido personas que se han acostado temprano y levantado temprano.

"Un poco de sueño, un poco de dormitar,
Y cruzar por un poco las manos para reposo;
Así vendrá tu necesidad como caminante,
Y tu pobreza como hombre armado".
Proverbios 6:10-11;

"No ames el sueño, para que no te empobrezcas; abre tus ojos, y te saciarás de pan". Proverbios 20:13

Es bueno dormir para que el cuerpo se recupere, pero también ten cuidado con abusar del sueño, ya que para las personas que lo hacen les espera grande pobreza. El sueño de un hombre trabajador es dulce y reparador.

En Efesios 4:26 dice lo siguiente: *"Airaos, pero no pequéis; no se ponga el sol sobre vuestro enojo".* O sea que si te duermes con enojo, resentido, lleno de envidia, con celos y toda esa basura en tu corazón, no solo te va a robar el sueño, sino que puede producir un montón de enfermedades de los nervios, de la mente y del corazón.

Si no es el Señor el que guarda nuestro sueño, por más perros, alarmas y seguros que pongas en tu casa, no vas a poder descansar.

"Si Jehová no edificare la casa, En vano trabajan los que la edifican; Si Jehová no guardare la ciudad, En vano vela la guardia. Por demás es que os levantéis de madrugada, y vayáis tarde a reposar, Y que comáis pan de dolores; Pues que a su amado dará Dios el sueño". Salmo 127:1-2

"Mucha paz tienen los que aman tu ley, Y no hay para ellos tropiezo". Salmo 119:165

Ningún pensamiento equivocado o negativo puede vivir en la mente del hombre obediente, fiel y temeroso de Dios.

16

Mantente limpio

Benjamín Franklin dijo una vez: "El secreto para mantenerse sano es conservarse limpio por dentro y por fuera". Aquí encontramos un gran principio.

"Y el mismo Dios de paz os santifique por completo; y todo vuestro ser, espíritu, alma y cuerpo, sea guardado irreprensible para la venida de nuestro Señor Jesucristo". 1 Tesalonicenses 5:23

El Señor ha provisto para que se mantengan limpios los tres elementos que conforman todo nuestro ser:

1. Para el cuerpo. Para adentro debemos ingerir comidas limpias. Para afuera debemos usar mucho jabón, cepillo, pasta de dientes, shampoo y desodorante.

"Amado, yo deseo que tú seas prosperado en todas las cosas, y que tengas salud, así como prospera tu alma". 3 Juan 2

2. Para el alma. "¿Con qué limpiará el joven su camino? Con guardar tu palabra. En mi corazón he guardado tus dichos, Para no pecar contra ti". Salmo 119:9,11

3. Para el espíritu. "Pero si andamos en luz, como él está en luz, tenemos comunión unos con otros, y la sangre de Jesucristo su Hijo nos limpia de todo pecado".1 Juan 1:7.

Habiendo sido hechos a la imagen del Dios Trino, debemos de estar sanos y felices en nuestras tres partes: espíritu, alma y cuerpo.

Conclusión

Es hora de que rompamos la miserable barrera nutricional y empecemos a disfrutar de la buena salud que Dios quiere que tengamos. Nunca olvides que el precio del progreso es el cambio. Recuerda lo que dijo el rey Salomóm: *"El principio de la sabiduría es el temor de Jehová; Los insensatos desprecian la sabiduría y la enseñanza".* Proverbios 1:7

Todos los caminos de Dios son rutas pavimentadas que te llevarán a salvo a tu destino. Sal de tu camino de barro, donde estás atorado y súbete al camino pavimentado de Dios y Su Palabra. Nunca olvides que ignorar las leyes y mandamientos de Dios lo único que traen es miseria y enfermedad: *"Mi pueblo fue destruido, porque le faltó conocimiento"*. Oseas 4:6.

Recuerda que Dios está muy interesado en tu cuerpo:

"Que el Dios de paz los mantenga completamente dedicados a su servicio. Que los conserve sin pecado hasta que vuelva nuestro Señor Jesucristo, para que ni el espíritu ni el alma, ni el cuerpo de ustedes sean hallados culpables delante de Dios". 1 Tesalonicenses 5:23

Si nuestro cuerpo es templo del Señor y es Su habitación, tendremos que darle cuentas del uso y abuso que le demos. Hemos sido hechos los custodios de la casa de Dios, donde mora su Presencia, y tendremos que dar cuentas en el Tribunal de Cristo.

Si no revisamos los materiales con los que estamos construyendo nuestra casa orgánica se nos va a derrumbar mucho más pronto de lo que nuestro Arquitecto lo planeó. Recuerda la famosa ley de la termodinámica, la cual he mencionado varias veces, que dice que para toda causa hay un efecto.

Dios nos podría mantener vivos de forma sobrenatural sin tener que comer nada, pero no lo hace. Esto es así porque estar sin alimentarnos no es parte de su plan.

Lo que acabas de leer no es solamente información, sino que son los fundamentos para edificar un cuerpo fuerte y sano que dure mucho tiempo, para que disfrutes la vida y para que sirvas al Señor y a su pueblo por muchos años.

No te olvides de aplicar todos los principios que Dios nos enseña en Su palabra y cuánto más aquellos que nos dan la clave para la salud y la felicidad en nuestras vidas. Con todo mi corazón le pido a Dios que te abra los ojos y que te permita entender Sus principios amorosos para que alcances a vivir una vida plena y llena de salud.

Estas verdades te van a ahorrar miles de dólares en medicinas, doctores, hospitales y operaciones. Dios quiere añadirnos años de vida y quiere que tengamos una salud vibrante, por eso nos dijo en Su Palabra: *"Oye, hijo mío, y recibe mis razones, y se te multiplicarán años de vida"*. Proverbios 4:10

"Andad en todo el camino que Jehová vuestro Dios os ha mandado, para que viváis y os vaya bien, y tengáis largos días en la tierra que habéis de poseer". Deuteronomio 5:33.

Tenemos que entender de una vez por todas que las leyes de Dios no se deben romper, ya que si lo hacemos el resultado siempre terminará en tragedia.

Así que antes que vengan los problemas, las enfermedades y los problemas de salud, leamos mejor el Manual del Fabricante y veamos cómo debe de operar el hombre en cada situación. Consultemos al Ingeniero en Jefe, al Creador, al Diseñador del equipo que traemos adentro, a quien ideó el espíritu, el alma, el cuerpo y la mente.

No hay ningún problema, pregunta o lío que no tenga una solución que no se pueda encontrar en el Manual del Fabricante. Si el hombre sigue las instrucciones y los preceptos del Manual podrá vivir de forma tranquila y feliz:

"Nunca se apartará de tu boca este libro de la ley, sino que de día y de noche meditarás en él, para que guardes y hagas conforme a todo lo que en él está escrito; porque entonces harás prosperar tu camino, y todo te saldrá bien". Josué 1:8

Nosotros, como criaturas de Dios, deberíamos tener la esperanza de vivir con una salud firme y vigorosa. Nuestro cuerpo debe de ser un laboratorio en el que debemos de probar la dieta que las Escrituras nos recomiendan que usemos.

Acerca del Autor

Nació en la ciudad de México en el año 1953. A los 20 años recibió a Jesucristo como su Señor y Salvador y desde entonces le ha dedicado su vida enteramente.

Ingresó al Instituto Bíblico Cristo para las Naciones en la ciudad de Dallas, Texas y allí descubrió la importancia de la alabanza, la adoración, la grandeza de Dios y el valor de nuestras almas.

Desde que se graduó, ha sido pastor en la Ciudad de México por 4 años y 7 años en Baja California. Junto a Marcos Witt y Chuy Olivares provocaron una reforma de la Alabanza y de la Adoración en toda Latinoamérica.

Dirigió el Instituto Bíblico "Cristo para las Naciones" en la ciudad de Córdoba, Argentina, durante 15 años. Ha recorrido los 5 continentes predicando la Palabra de Dios y actualmente es pastor de la Iglesia "Amistad de Córdoba" en Argentina.

Estimado Lector

Nos interesa mucho sus comentarios y opiniones sobre esta obra. Por favor ayúdenos comentando sobre este libro. Puede hacerlo dejando una reseña en la tienda donde lo ha adquirido.

Puede también escribirnos por correo electrónico a la dirección info@editorialimagen.com

Si desea más libros como éste puedes visitar el sitio de **Editorialimagen.com** para ver los nuevos títulos disponibles y aprovechar los descuentos y precios especiales que publicamos cada semana.

Allí mismo puede contactarnos directamente si tiene dudas, preguntas o cualquier sugerencia. ¡Esperamos saber de usted!

Más libros de interés

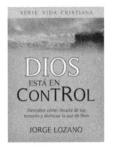

Dios está en Control - Descubre cómo librarte de tus temores y disfrutar la paz de Dios

En este libro, el pastor Jorge Lozano, quien nació en México y vive en Argentina desde hace más de 20 años, nos enseña cómo librarnos de los temores para que podamos experimentar la paz de Dios.

Cerca de Jesús - Acércate a la cruz y serás cambiado para siempre

En este libro, el pastor Jorge Lozano, quien nació en México y vive en Argentina desde hace más de 20 años, nos enseña cómo acercarnos más a la persona de Jesús para experimentar Su abrazo y ser cambiados para siempre. A medida que lees descubrirás: Cómo alumbrar en este mundo lleno de oscuridad Cómo disfrutar la paz de Dios y permitir que gobierne nuestro corazón Y mucho más!

Gracia para Vivir - Descubre cómo vivir la vida cristiana y ser parte de los planes de Dios

Martin Field, teólogo del Moore Theological College en Sidney, Australia, nos comparte en este libro sobre la gracia que proviene de Dios. La misma gracia que trae salvación también nos enseña cómo vivir mientras esperamos la venida de Jesús.

El Poder Espiritual de las Siete Fiestas de Dios - Descubre la relevancia que estas celebraciones tienen para el cristiano y los eventos futuros.

La perspectiva espiritual se agudiza llevándonos a comprender que los designios de Dios, muchas veces, son más complejos que lo que aparentan ser a primera vista. Esto es lo que podemos ver en las fiestas que Él dio al pueblo de Israel en el tiempo de Moisés. Cada una de las fiestas tiene un significado y un propósito más allá de ser una simple celebración.

Perlas de Gran Precio - Descubriendo verdades escondidas de la Palabra de Dios

Una perla que se produce en el mar tiene un valor muy alto. El proceso comienza es un diminuto grano de arena y con el tiempo se convierte en algo muy bello que muchos buscan y codician. Este proceso ha llevado su tiempo – ¡puede ser hasta 10 años! Por esa razón una perla genuina es un objeto muy costoso y encontrarla es un verdadero triunfo.

Vida Cristiana Victoriosa - Fortalece tu fe para caminar más cerca de Dios

En este libro descubrirás cómo vivir la vida victoriosa, Cómo ser amigo de Dios y ganarse Su favor, Lo que hace la diferencia, Cómo te ve Dios, Cómo ser un guerrero de Dios, La grandeza de nuestro Dios, La verdadera adoración, Cómo vencer la tentación y Por qué Dios permite el sufrimiento, entre muchos otros temas.

CPSIA information can be obtained
at www.ICGtesting.com
Printed in the USA
LVHW10s1342070918
589456LV00016BC/561/P